GOBOOKS
& SITAK
GROUP©

裝睡的人叫不醒，
再不清醒窮死你

老楊的貓頭鷹◎著

高寶書版集團

現在，
你不努力讓自己過想要的生活，那你以後，
就會用大把的時間，
應付自己不想要的生活。

我是一個嬉皮笑臉的悲觀主義者，

一個積極做人生規劃的超級拖延症患者。

我是一個內心驕傲的俗人，一個情緒穩定的精神病。

我是一個節制飲食的吃貨，一個滔滔不絕的內向之人。

我是一個貪心的野孩子，一個幼稚的不可愛大人。

我是一個愛慕虛榮的歸隱者，一個腳踏實地的理想主義者。

序
給讀者的一封信

「『醒腦之書』系列過百萬冊大關了！你太棒了！」編輯跟我炫耀戰績的時候顯得很激動，我一臉狐疑地盯著她，心裡隱約覺得會有什麼事。

然後，她就開始誇我，誇我有個性不露臉，寫得好玩不矯情，貼近現實不做作……

我趕緊打斷她：「說吧，你想幹嘛？」

她咯咯地笑，像個演技拙劣的壞人。然後，她從她的雙肩包裡拿出一疊紙，但並沒有急著給我看。

她整理了一下表情，然後對我說：「你看，都賣一百萬冊了，該去辦個簽書會了吧。」

我說：「人太醜，不去！」

她狡黠地一笑，又說：「那去電臺做一期節目吧，只是問答，用嘴就行，醜不醜沒關係。」

我白了她一眼，接著說：「嘴太笨，不去！」

她又是一笑，彷彿答案早就在她的預料之中，然後接著說：「那就再簽一萬個簽名吧，當是紀念。」

我起身就要走，結果被她攔住了。

她把手上的一疊紙遞給我，說：「那好吧，不辦簽書會，不上電臺，不簽名，那出一個紀念版的『醒腦之書』總行吧？」

這本『醒腦之書』紀念款就是這麼來的。

好吧，為了避免將「致讀者的一封信」寫成「免責聲明」，我還是正經八百一下下吧。

關於勵志

有幾個小朋友問我，關於學習的、交友的、戀愛的、親情的問題。每一個，我都會在力所能及的範圍內，很認真地回答。

之後，他們多數會表現出「我懂了，很感謝」、「我明白了，我會努力的」，彷彿瞬間就知道了長大的方法和方向。當然也有是隔幾天再問一遍類似的問題，又或者主動來討罵的。

每每這時，我其實是很忐忑的。因為我很清楚，這世界上，不會有一句話、一本書足夠改變你的現狀。

真正促使你改變的，是你內心深處對現狀的不安、不甘、不滿，是你對未來的期盼，是你對親人的責任感，是你不時地自我反思，以及持續的努力……

而所謂的勵志文章、勵志書籍，和藝術、音樂、電影、美食一樣，更像是一種體驗，一種號角，一種宣洩……我們會被某種情緒綁架，充滿鬥志，或者被某個觀點給擊中，深深地自我反省。這有點類似於火藥倉庫內劃燃的那根火柴，又或者是死氣沉沉的冰面上來它一錘子。

　　但一根火柴能有多大作用呢？得看你的倉庫內有多少火藥，又或者倉庫裡裝的，別是什麼偶像或空虛幻想……

　　這一錘子能有多大動靜呢？得看你的冰層有多薄，又或者你的冰層，別像你的臉皮那麼厚……

　　道理這種東西，只有你遇到事情了，才能感受得到其中的真善美和合理合法合規，沒遇事之前，道理更像是一句廢話，改變不了什麼。這恰好也驗證了一個歪理：真正聽得進去老人言的人，已經老了。

　　所以，在此嚴重地提醒一遍：不要妄圖藉由一句話、一本書就想變得

清醒，就想改變現狀。

最懶的活法莫過於：讀一讀道理，就妄圖讀懂人生。

還是那句話：從雞湯中獲益最大的，永遠是寫雞湯的人。

關於差距

對我來說，和優秀作者的差距，絕不是在某一份榜單上，我排第九，他排第一。

而是在搜尋引擎輸入兩個名字之後，結果我只有幾十頁，而他有幾千頁。

而是在尋找兩個人的作品時，發現我只有五十個賣家，而他有五百個賣家。

而是在眾多的賣家店鋪裡，我永遠是杳無音信，而他總是榜上有名。

這些差距疊加起來，就是銷量和影響力的巨大差別！

這個道理也適用於現實生活，那些看起來比你成功很多的人，絕不僅僅是看起來比你漂亮一點點，能說會道一點點，努力一點點，文憑優秀一點點，家境優良一點點，好運氣多一點點……

還有很多你看不見的差距罷了，但沒看見，不代表不存在。

關於薦書

有不少人請我為他推薦書，我細想了一下，講幾句大實話吧。真要讀書，就去找經典讀，買名家的代表作，越經典越有營養，越是代表作越可靠。比如學校推薦的課外閱讀書目，比如評分相對較高的傳世作品。

至於像我這樣的十八線作者的東西，真心不推薦你讀太多。

十八線作者寫的東西，很可能是今天這麼說，明天那麼說。

內容無非是勸你有個性，鼓勵你做自己，慫恿你敢愛敢恨，鼓動你跨出一大步，刺激你去亮劍……但是十八線作者根本不知道你的眞實情況，更不會爲你做這些決定的後果負責。

刻薄一點地說就是：只管殺，不管埋。

另外，看了一篇文章就把全套書都買的人，拜託你看看每本書的介紹和試讀。

看了一本書就把全套書都買的人，拜託你也看看其他書的介紹和試讀。

選書和選對象一樣，你得對它負責。

一時興起然後愛理不理，和一見鍾情然後始亂終棄，何其相似！

關於失戀

在這個殘酷而又美好的世界裡玩耍，我們最該修煉的本事是「當斷則斷」，決定了要芝麻，就該扔掉西瓜。

等到眞的是斷了念想的那一刻，你就釋懷了，就不會再對他有感覺了。

那時候，就算他頭戴鳳翅紫金冠，身披金甲聖衣，踏著七彩祥雲，腦門上貼著「蓋世英雄」的標籤出現在你面前，你只會覺得他好笑，甚至懷疑：「這人是不是有病啊。」

　　把想讓人同情的情緒都扔了吧，把自己親手剁碎的自尊一粒粒撿起來吧，只有這樣，傷口才能變成精神遺產。

　　一哭二鬧三咆哮，不吃不喝不睡覺，這有什麼用。

　　你就當是，你正在觀看一部自導自演的人生連續劇，只是誰都沒有會員卡，就難免會有像他那樣煩人的彈出廣告。趁這個空隙，去上一次洗手間吧。

關於人生悲劇

　　人生的四大悲劇有很多版本：

1. 窮得沒錢做壞事，熟得沒法做情侶，餓得不知吃什麼，睏得就是睡不著。

2. 久旱逢甘雨，一滴；他鄉遇故知，債主；洞房花燭夜，隔壁；金榜提名時，重名。

3. 見識配不上年齡，容貌配不上矯情，收入配不上享用，能力配不上夢想。

　　好擔心你看完這些，發現自己的人生有十二大悲劇。

關於夢想

踮起腳尖就能拿到的，根本就算不上夢想；拚老命蹦起來才能碰著的，才勉強算是目標。

需要搬長梯、翻高牆、爬上參天大樹，甚至要等很多年的，才算夢想。

換言之，如果你所謂的夢想，都不如別人的隨便想想，那麼你所謂的竭盡全力，當然也比不過別人的隨便搞搞。

關於標準

歷史老師講秦始皇統一度量衡時很激動，當時不理解：「不就用一桿秤，花一種錢，寫一種字，這有什麼好激動的？」

現在才明白，統一度量衡才有了這巍巍中華，不至於七零八落。我們個人也是如此：對別人和對自己，最好是用一個標準。

事實上很少有人能做到，更常見的現象是：你是用配角的心態做事，用主角的姿態邀功；用判官的眼光來挑剔，又用竇娥的嘴來抱怨。

羞不羞？

最後，關於這個實驗性、紀念款的作品，我只有兩個閱讀建議：一、如果你覺得有價值，那就物盡其用，一定要看完，要回答完，要寫完。二、如果你覺得被糊弄了，覺得都是胡說八道，那就趕緊扔掉。

CONTENTS

序

CONTENTS

CONTENTS

THEME 01
想得美

很多普通平凡的女孩總喜歡做灰姑娘的美夢，希望自己有朝一日也可以遇見自己的白馬王子，情投意合，舉案齊眉，長相廝守，從此過著富足而體面的生活。可卽便你有幸遇見了，然後呢？

王子憑什麼接受你那無精打采的臉和無處可藏的肥肉？憑什麼忍受你那一點就著的脾氣和空洞無趣的性格？

憑什麼會和一個邋遢、懶惰的你廝守一輩子？難道就因爲你想得美？

可以很現實地說，感情的世界裡，並不是童話故事裡渲染得那麼純粹，它很勢利。

如果你和對方的差距很大，那麼你就免不了要過誠惶誠恐、小心翼翼、不敢鬧、不敢糾纏的日子。

如果你連不滿的資格都沒有，又哪來體面可言呢？

你想要體面的愛情，就得先努力讓自己成爲一個體面的人。幸福的路，沒有捷徑可言。

你學了二十幾年的對錯，
可現如今才明白，現實只講輸贏。

PROBLEM
「丟三落四」的問題 1

　　你丟過的東西中，最貴的是什麼？你錯過的人當中，最讓你遺憾的是誰？

ANSWER

PROBLEM

「丟三落四」的問題 2

關於失去，除了命運在挑撥離間，你覺得自己該負多少責任？

ANSWER

責任比例為九個格子

自己塗色

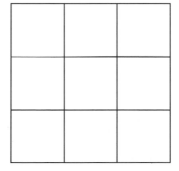

THEME 02
假裝文藝

其實每個人都會有很文藝的瞬間。那一刻,你不想上班、不想結婚、不想愁苦、不想成功、不想拚搏、不想努力、不理睬社會、不關心人類、不要求鮮花讚美、不在乎詆毀,只想放棄一切,聽從自己的心,說走就走,奮不顧身。

誰不想呢?

可是社會沒有義務慣著你、養活你,哪怕你文藝得飛上天,你總有回到地面上吃喝拉撒的時候。

你是普羅大眾,捨棄眼前的苟且就意味著降薪失業,意味著住地下室和吃泡麵,而詩和遠方就像是沾滿蜜糖的毒藥,一時痛快的背後,卻是長時間的痛心疾首。

什麼是文藝?

是穿純棉的服飾,來一場說走就走的旅行,有很多很多的夢想,讀過很多很多的書,有一種樂器專長,還有一場痴情或者長情的戀愛?是習慣隨遇而安,最終也是隨遇而安?是一定要對著樹洞才說出心事,談場戀愛就一定要山崩地裂?

不是的,真正的文藝青年,是可以對自己的生活負責,是活得獨立、有主見。既有熱氣騰騰的靈魂和不甘於平庸的願望,也有駕馭靈魂的自律和實現願望的實力。

誠如作家吳爾芙所言:「你想文藝,你就必須要有屬於自己的房間,以及五千英鎊的收入,不然你怎麼文藝得起來?」你看,「文藝」這種病,

眞不是一般人能生得起的。

眞正的文藝是：看起來無所事事，實際上無所不能。

同樣是讀書，眞文藝的人是發自內心地喜歡某本書，並且能讀出書中的趣味來，甚至有可能「學以致用」。而假文藝只是將書當成表演的道具。

同樣是講情懷，眞文藝的人有讓情懷落地的具體規劃、具體途徑，以及付諸實踐的努力和勇氣。而假文藝只是將情懷當成表演的旁白。

同樣是嚮往詩意和遠方，眞文藝的人往往是腳踏實地地爲自己找到去遠方的方法，並在當下的生活中不斷反思、不斷沉澱智慧、不斷累積，並且有隨時去遠方的本錢和條件。而假文藝只是將詩意和遠方當成了表演的臺詞。

所以，拜託你別再逢人就擺出一副「我很文藝、我很賢慧」的姿態了，你呀，壓根兒就是「閒得什麼都不會」！

如果你對自己下不了狠手，
就輪到生活對你下狠手。
但凡是活得很窩囊的人，
都是因為對自己太好了。

當你不被認可的時候，就請安靜地努力吧。
別抱怨，別動不動就說把一切交給時間，
時間才懶得收拾你的爛攤子。

PROBLEM
「好久不見」的問題

1. 此時此刻此地，你最想跟誰說一句「好久不見」？

2. 如果由你來安排一次「好久不見」的見面，你會選擇在哪裡？穿什麼衣服？帶什麼禮物？除了「好久不見」，你還想說什麼？

ANSWER

THEME 03
退而求其次

　　一個人真的不能輕易對生活妥協，你以為是妥協一次，很可能就妥協了一生。而你退縮得越多，能讓你喘息的空間就越有限；你表現得越將就，一些幸福的東西就會離你越遠。有些時候退一步可以海闊天空，有些時候退一步可能是萬丈深淵。

　　比如你想喝柳橙汁了，可店裡賣完了，那就來一杯桃子汁吧；本來想考個更好一點的大學，選個自己喜歡的專業，後來沒成功，那就勉強上個一般的吧……

　　比如碰不到彼此心動的人，便找一個看上去般配的人結婚，可你的心中有了念念不忘的人，再遇見的人就變成了「次」，「次」的就算再好，又怎能填平心中留下的空缺？

　　再比如你看中了一雙鞋，太貴了捨不得買，於是你買了一雙便宜的，可是拿到之後，你就會嫌棄它，覺得它設計不夠美觀，穿著不夠舒服。是啊，心裡有了最美的那雙鞋，其他的就變成了「次」，次的再便宜，又怎麼能彌補內心的遺憾？

　　你一直以為妥協一些，將就一些，這個世界就會為你讓出一席之地，但最後除了失去更多，除了怨念，你什麼都不曾得到。而且你會慢慢地發現，每一次的妥協背後，都有一個真實的目的：或是害怕失去，或是息事寧人，或是不願付出……

　　當你以為降低標準可以更容易地得到自己想要的結果時，你就註定會得不到想要的。

你所設定的底線決定了你不會失去什麼。一旦你喪失了底線，很快就會潰不成軍，你所在乎的東西，也會跟著一樣樣地失去。

你得逼自己一把，才能看到更多的可能性！

如果一萬個不甘心，也沒換來一次「試試」，那你就活該後悔。沒有任何一種逃避能得到讚賞。

不要輕言放棄，但凡有了第一次，你的人生就會習慣性地知難而退，可是如果你克服了，你的人生則會習慣於迎風破浪。這看起來只是一個簡單的選擇，其實影響非常大，它帶來的是截然不同的人生。

每個人都渴望被理解、被賞識，
但沒有人會賞識一塊爛木頭，
你要努力讓自己開出花來，
才有資格被賞識。
怕就怕，
你橫溢的不是才華，而是肥肉。

PROBLEM
「躊躇滿志」的問題 1

小時候的夢想是什麼？現在的夢想是什麼？

ANSWER

PROBLEM
「躊躇滿志」的問題 2

做過的計畫有哪些？

計畫一／

計畫二／

計畫三／

計畫四／

計畫五／

計畫六／

計畫七／

計畫八／

再問一下自己，計畫是因為太難，所以沒完成，
還是因為沒完成，所以顯得特別難？

ANSWER

THEME 04
懷才不夠

　　所謂「懷才不遇」的人只有兩類，一類是不懂得自我推銷的人，這類人把自己埋在土裡，等人來挖掘和賞識；另一類是不夠優秀，不夠努力，卻自以爲很優秀。

　　我想說的是，你總得做出些成績，才能讓人覺得你是人才啊！如果你總是被質疑，被否定，那麼請你反問一下自己，到底是「懷才不遇」，還是「懷才不夠」？

　　總不能，才看了一天英語課本，明天檢定考就要好成績吧？總不能，今天跑了三公里，明天上磅秤就希望能瘦五公斤吧？

　　要知道，任何明顯的改變，都需要時間的累積，需要一步步安靜地努力，需要一點又一點「不那麼明顯」的付出，才能換得。要懂得，那些看起來光芒四射的人，他們一定是在黑暗的角落裡暗自使勁，付出了許多無人問津的努力。

　　這世上，本就沒有毫無理由的成功，即便是孫猴子，也是經歷了幾千幾萬年的風吹雨淋，才有了那石破天驚的橫空出世。

　　當一個人陷於低谷，覺得世界上沒有人理解自己、認可自己的時候，或許更應該想一想，到底自己有沒有足夠的努力，是否擁有足夠的實力。

　　如果你不發光，別人哪有閒心在暗夜裡去尋找你？如果你的光亮太暗，別人又憑什麼要在那浩瀚星空裡發現你、關注你？

　　如果你自己不能展露光芒，就別怪別人沒眼光。其實，每個人都是一盞燈，它的瓦數是由你的實力決定的。可如果你一直都沒有光，誰又會把

你當盞燈呢？

　　所以，當你不被認可的時候，就請安靜地努力吧，別抱怨，更別動不動就說把一切交給時間，時間才懶得收拾你的爛攤子。

　　相信我，是金子總會發光，你還沒發光，是因為你的純度不夠；懷才不會不遇，而是你懷的才太少。

千萬不要相信旁人對你說的「結果不重要」這種話，

因為你一旦真的搞砸了，

批評、嘲諷、蔑視，會源源不斷地朝你襲來。

THEME 05
假裝努力

曾幾何時，你心比天高：單槍匹馬也敢闖江湖，滿臉痘印也敢秀恩愛，遇挫了會內心吶喊「世上無難事，只怕有心人」。

如今呢，伸手怕辜負，縮手怕錯過；在喜歡的人、事、物面前，只能摸摸肚腩，酸酸地說「物以類聚，人以『窮』分」。

曾幾何時，你七竅玲瓏：說人生既需要高瞻遠矚，也需要鼠目寸光。說「高瞻遠矚」能為你指明方向，說「鼠目寸光」能讓你活在當下。

可在後來的現實生活中，你在該努力的時候選擇了「高瞻遠矚」，還大言不慚地說「我想要的，歲月早晚都會給我」；又在做人生抉擇的時候選擇了「鼠目寸光」，還不知羞愧地講「人要活得現實一些，別玩那些沒頭沒腦的東西」。

我唯一能說的是：天賜食於鳥，但絕不投食於巢。

時常聽到有人抱怨說：「我每天都是第一個到公司的，幾乎都是最後一個離開的，而他每天都是準點來，準點離開。論勤奮程度，我甩他幾條街。論個人能力，我也絕對不比他差。為什麼老闆就是看不到這一點，反而提拔他了呢？」

或者有的家長嘀咕過這樣的憂慮：「我家孩子學習特別刻苦，幾乎每天都要學到晚上十一二點鐘，但成績就是不上不下。甚至有些原來成績不如他，也遠不如他勤奮的同學都紛紛超越了他。」

為什麼會這樣？明明付出了比別人更多的努力，但別人似乎就是看不到，甚至老天爺也沒看到，沒有給予相應的回報。

任何不做計畫的「努力學習」，都只是作秀而已；任何沒有用心的「自強不息」，都只是看起來很努力。

看起來很努力的人總喜歡把自己少得可憐的忙碌進行濃墨重彩的渲染，以塑造自己自強不息的奮鬥形象，而對懶惰的部分避而不提，或者是遮遮掩掩地找理由。等到月末年終，當他們驚訝地發現自己的成績、職業發展仍是停滯不前，甚至每況愈下時，又免不了怨天尤人：「我天天這麼忙，為何還是混得這麼慘？」

騙觀眾的按讚容易，騙自己很忙更容易，只是，騙這個世界的因果，有點難。

忙碌是做事的表現，是成功的基礎。然而，忙而無功、忙而無益的忙，就是白忙、空忙、瞎忙。

PROBLEM
「天馬行空」的問題

1. 如果你能穿越到原始社會，你會帶什麼同去？

2. 如果你能穿越到未來世界，你最想看到什麼？

ANSWER

THEME 06
抱怨不公平

常常聽見有人說：「世界太不公平了，為什麼我不能像她那麼瘦，為什麼我不能像他那麼帥，為什麼他面試的那道試題那麼簡單，為什麼他遇見的都是好人？為什麼他是富貴人家的翩翩公子，而我是普通百姓家的自卑少年？」

當不公平的現象激怒了你，當你四處高喊「我需要公平」時，請先問問自己，如果占便宜的是你，你會抱怨自己占便宜了嗎？

換句話說，你要的公平，只是在怨悔自己沒能得到而已，只是希望得到的比付出的更多一點罷了。誠如韓寒說的那樣：「痛苦來臨時不要總問：『為什麼偏偏是我？』因為快樂降臨時，你可沒有問過這個問題。」

事實上，從出生開始，每個人都會面對各種各樣的不公平。人的一生，就是用盡自己的全部努力，將這本來傾斜的世界慢慢扳平的過程。

自身條件不夠好，要麼就努力改變自己，要麼就學會自我解嘲，有的人偏要跑到「高富帥」、「白富美」的面前叫囂：「有錢你就了不起嗎？」、「長得好看又怎麼啦？」、「你這種人不懂生活的艱難！」

窮和醜不可怕，可怕的是倚窮賣窮，倚醜賣醜；活得艱難不可怕，可怕的是活得難看，還想讓別人也一樣活得難看。

不公平的怨念會毀了你。

首先，它會用「不平衡」的心態阻礙你去思考，並且為你準備好一個不用付出全部努力卻能心安理得的理由。

然後，它會一步步把你帶進懶惰的深淵裡，再給予你抨擊社會、權貴的樂趣，讓你失去自省的能力。

　　最後，你便陷入了自怨自艾和自憐自哀的惡性循環之中。

　　它還讓你覺得「任何付出都是浪費」。這股怨念變成了蒙眼布，讓你在機會面前、在運氣面前無動於衷，只會抱怨道：「瞧瞧，多麼不公平的世界！」

　　所以，你要趁早停止對「不公平」的抱怨，腳踏實地地讓自己強大起來。否則的話，生活會鋒利得像一把刀，當它砍過來的時候，你如果還沒準備好堅硬的鎧甲，就等著被劈成兩半吧。

當你不夠強時，
你發的一切飆和牢騷，
你落的任何眼淚和汗水，
在別人看來都只是個笑話。

THEME 07
把自己當弱者

在我們的生活中，有這麼一類人：他們把自己標榜為弱者，永遠是一副「我是弱者，我現在需要，所以你就得給我、就得幫我」的姿態。如果你拒絕我，那就是你自私，就是你冷漠，就是你喪盡天良。

如果你不滿足我，我就會捶胸頓足地表達委屈：「為什麼？為什麼對我這麼不公！」好像這個世界，是因為有人沒有幫助他們，才變得如何冰冷和現實的。

他們從來都沒有想過：自己想要的，別人憑什麼要給他？他們永遠在強調自己缺什麼，然後不管不顧地去跟人要，要不著，就認定是對方沒人性，不厚道，又或者抱怨世界太黑暗，社會太現實……

沒錯，你確實不如別人生下來就有豪宅名車、英俊貌美、高貴富有；不如別人天資聰穎、機智練達；不如別人身體健康、人見人愛；你卑微、貧窮、笨拙，可你終究只是一個弱者，這又有什麼了不起？

弱者只是你實力的注解，並不是用來要脅這個世界的道具。

弱者不是你向全世界無限索取的理由。即使別人因為你的弱勢而施捨給你想要的東西，那也僅僅是施捨而已。

弱者更不是你自怨自憐的資本，而應該是你「變強」的動力。因為你比那些生下來就受萬千寵愛的強者要弱勢得多，所以你就多了一份可以去闖、去改變命運的機會。

當你終於變強的那一天，你就會知道，為什麼有些看似成功的人，不會輕易地幫助你，不是因為他們摳門，而是因為他們懂得：如果一味施捨

你，你就會永遠是個乞丐。

這個世界不會彎腰來遷就你，就算你無盡地墜入谷底，也不要覺得理所當然地會獲得同情。

現實的世界裡，你想要的物質或感情並不是高處的水塔，你把自己放在更低的位置，它們就自動地流向你。它們更像是水井裡的水，你得付出辛苦去挖、去建設、去累積，然後再靠力氣，才能把它們打上來。

付出不一定有回報，
更不會馬上有回報，
你又不是以時計薪的臨時工。

PROBLEM

「愛人和仇人都會老去」的問題

1. 如果有機會和你暗戀的人困在電梯裡，你會做什麼？

2. 如果跟你討厭的人困在電梯裡，你會怎麼做？

ANSWER

THEME 08
假情懷

你連生活自理能力都沒有，拿什麼過「歸隱山林」的生活？你連兩位數的加減法都有困難，憑什麼說「讀書無用」？

你連在大馬路上問個路都扭扭捏捏、不情不願，哪來的資格笑話別人活得「浮誇俗氣」？

沒有實力，「假情懷」就會枝繁葉茂；沒有行動，墮落就會生根發芽。時間越長，根就扎得越深，到時候想站起來都是件很困難的事。

實際上，沒有實力的情懷，就等於自欺欺人。

當你給壓力、責任、負擔這些東西穿上「情懷」的外衣，你就會感到前所未有的舒坦。因爲假情懷會把你的不行、不能、沒機會都變成不屑、不值、無所謂。

比起「睡得比狗晚，起得比雞早，做得比驢多，吃得比豬差」的辛苦，以高姿態「視金錢如糞土」，當然會異常輕鬆。

比起「修身養性、嚴格自律」的艱難，以傲嬌的語氣說「我要活得任性」，當然會非常舒服。

比起「焚膏繼晷、廢寢忘食」的折磨，以自滿的態度說「平平凡凡就是眞」，當然會顯得尤爲與眾不同。

你穿著「情懷」外衣，用這種廉價的精神鴉片來麻痹眞實的自我。而掩藏在這件外衣裡面的，是你一事無成的恥辱，沉溺現狀的焦慮，面對責任的懦弱，認淸現實的惶恐，吹彈可破的虛榮，苦心經營的體面……

可是，在這些輕鬆、舒服、與眾不同的背後，是你對問題的逃避，對虛榮的嚮往，對努力的排斥，對僥倖的期盼。

　　於是，你厚著臉皮，對明擺著的無能為力說「我不想要」；對著不學無術的懶散說「我只是不想和別人一樣」。

　　在情懷成為「全民偶像」的今天，尤其需要區分情懷的「真偽」。真正的情懷，絕對不是無能、懦弱或逃避，而應該是實力、勇氣和擔當。

　　實力不行，不僅沒資格談情懷，連憤怒、尊重都沒法享有。

　　一個人最好的狀態，就是讓你的本事配得上你的情懷。這時候，你既可以腳踏實地，又可以仰望星空，從容不迫地與歲月相處。

PROBLEM
「孤獨患者」的問題

1. 你覺得貓、狗、盆栽、觀賞魚能聽懂人類說話嗎？你跟牠們說過話嗎？
   說了什麼？

2. 孤獨的時候，你會做些什麼？

3. 有沒有想過，自己可能會孤獨終老？

ANSWER

THEME 09
怕被人利用

在生活和工作中，我們總是提防著別人。害怕自己的財物被人盜走，害怕自己的創意被人竊取，害怕自己的隱私被人侵犯……於是防盜門、防盜鎖、手機保密、資料夾保密等層出不窮。

是的，保護自己的東西無可厚非。可有一些人，明明口袋裡一分錢都沒有，偏要準備最高級的保險櫃；明明屋裡一點值錢的東西都沒有，卻要給房門上八道鎖；明明腦袋裡空無一物，還做出「防賊防盜防記者」的自保姿態。他沒想過，自己有什麼值得別人「圖謀不軌」的。

如果你對別人來說是一個沒價值，或者價值不大的人，那麼想必別人對你的興趣也不會太高，這不是「勢利」，而是一種需要。

人與人的交往也是建立在相互利用的基礎上的。即使純粹是談得來，也已經利用了彼此的時間和精力，換取歡笑的一場閒聊。

生活和工作中，許多人原地踏步，許多人落伍，許多人衰老，許多人隱退，甚至是被淘汰，他們往往更多的是抱怨社會和生活，然後在絕望和失落的情緒裡，說些世態炎涼的話，再數落著命運的偏心。只是他們很少去想，原來是自己已經沒用了。

所以說，不怕被利用，就怕你沒用，沒用也就罷了，可怕的是，你不願意承認自己已經無用了，還要求別人像以往那樣重視自己。

沒人利用你，沒人在乎你，這只能說明兩個問題：一個很美好——你身邊的人都比你優秀；一個很殘酷——你在別人眼裡毫無價值。

PROBLEM
「學會自嘲」的問題

1. 你覺得自己身上最好笑的點是什麼？別人嘲笑你的時候，你最惱火的是什麼？

2. 你真心覺得自己很好笑的事情是什麼？

ANSWER

THEME 10
不進則退

有些人以爲過去有功勞、有成績、有地位，就躺在過去的功勞簿上混吃混喝。

有些人以爲過去的做法有效果、過去的套路能夠行得通，就開始變得毫無新意、落入俗套。

還有一些人自以爲成績、能力還能應付當前的工作，就停止努力，得過且過……

這樣的人，遲早會被趕過、超越、淘汰。

這就好比說，你高中時候的努力只能幫助你考上理想的大學，並不代表你能有一份好的事業。

你實習期的突出表現只能幫你留下來，並不代表你日後的工作也能一帆風順。

你昨天的努力只能幫助你登上榮譽榜，但它無法保證你明天的輝煌。

所以你每一天都得努力。

別忘了，成績和榮譽只是屬於過去，老本總有吃空的一天。

你不進步，就是退步。

不要在二十幾歲的時候，
就活出了五六十歲的疲態；
不要在本該奮鬥的年紀，
選擇了安逸。

THEME 11
想要尊嚴

我問過一個「白富美」為什麼要努力賺錢，她說不是每個男人都配讓她花他的錢。

我問過一個「高富帥」為什麼還要健身，他說是為了跟那些插隊的白目講沒用的道理。

原來，只有當你既努力又有實力的時候，你才能活得更有尊嚴。

家境好的人，有爸媽鋪好華麗的金磚大道；相貌好的人，會有戀人鞍前馬後盡獻殷勤；運氣好的人，會有貴人相助而平步青雲。

而你什麼都沒有，沒什麼家庭背景，沒遇到貴人，也沒讀什麼好學校，你沒有實力又想要尊嚴，那麼除了努力，你別無他選。

既然已經這樣，你低眉順眼給誰看？你自憐自卑給誰瞧？反正這個世界是沒有辦法被「空談」、「空想」討好的。

尊嚴這種東西，塞進荷包裡，買不了東西，放在貨架上賣，也值不了幾個錢，卻是每個人唯一值得擁有的東西。

尊嚴是和欲望成反比的，如果你想得到一個東西，你就會變得低三下四、死皮賴臉，而當你對眼前的人和物無動於衷的時候，尊嚴就會在你的心中拔地而起。

只有當你有了財務上的自由，才能有選擇上的自由，也才會有人格上的自由。所以那些不努力、混日子的人，被人碎唸、被人指責、被人歧視，純屬活該。

我想對所有女生說，如果你的銀行戶頭裡連個奶瓶錢都沒有的話，那麼你就別奢求什麼尊重，尊重得靠自己去賺。

　　我想對所有男生說，如果你不努力，就沒資格對女孩說「愛情至上」，只有不缺錢的人才有底氣去要純粹的愛情。

PROBLEM

「躊躇滿志」的問題

1. 如果你的嘴巴可以使用一次收回功能，你會收回哪次對話中的哪句蠢話？

2. 如果你的人生可以使用一次收回功能，你會收回哪個年紀的哪件傻事？

ANSWER

PROBLEM

「無憂無慮」的問題

　　想像一下，假如你所有的願望、需求、負擔、興趣、感覺和悲哀統統沒有了。

　　你不會覺得餓，不會覺得睏，甚至不會有喜怒哀樂。

　　你對什麼都沒有興趣，也不好奇，沒有渴求的東西，也沒有任何擔心……

　　你想要這樣的「無憂無慮」嗎？

　　想像一下，假如放棄所有的欲望、貪念和衝動，能讓你像烏龜一樣活幾百上千歲，你願意嗎？

ANSWER

THEME 12
又是重在參與

　　別人在熬夜學習的時候，你躺在被窩裡玩手機，我問你怎麼不去看書，因爲考研已經迫在眉睫了。你用被子捂住腦袋，低沉地回了一句：「今年考不上，明年再考唄，考試不就是重在參與？」

　　別人爲了找工作，努力準備各種證書，做簡歷，總結實踐成果，你在認眞地看連續劇，我問你怎麼不出去試試，因爲你身邊的人都找到了不錯的工作。你被劇情感動得淚眼模糊，哽咽著回了一句：「這次沒趕上，下次再去，面試不就是重在參與？」

　　別人加班、吃泡麵，工作沒完成的時候折騰到一兩點，你心安理得地把工作留到第二天，吃得好、睡得好，效率比別人差了不知道多少，我問你怎麼不加把勁，因爲主管正準備提拔一兩個人。你專心致志地看著社群動態，回了一句：「今年選不上，明年選唄，評優不就是重在參與？」

　　在我們身邊，有多少人是在考試前一個月心想「爭取第一」，在考試前一星期變成了「努力就好」，最後在考試過後自我安慰說「重在參與」。有多少人，在初入職場的時候胸懷大志，在工作期間默默無聞，最後變成了碌碌無爲？

　　這些人有一個共同的特點，他們都相信同一種論調：「只要過程努力了，結果並不重要。」這樣的人，看似不在意結局、成敗，他們總覺得自己輸得起。

　　可實際上，是他們不作爲、不努力，然後自我催眠，說一切現狀都是正常合理的。等到青春所剩無幾的時候，他們又開始忐忑不安起來，開始

害怕來不及去過自己想要的生活。

重在參與的人，大部分從來沒有想過完全投入一件事。他們是「差不多」先生或「來得及」小姐，總是覺得參與過就好、有經歷過就好，他們覺得時間有的是，任何想要的東西都會自然而然地來到。他們以「分享別人的榮耀」為樂，卻忘了自己一無所獲。

很多時候，正是因為你的要求太低，欲望太淺，或者語氣太溫順，所以命運才索性什麼都不給你，結果你一無所有。

重在參與的心態會毀了你的熱情，還會抹殺你的努力。它讓你既配不上自己的野心，也辜負了所受的苦難。

更要命的是，沒盡全力的努力，意味著你既不能隨心所欲地玩耍，又要對未來提心吊膽，純粹是吃力不討好的事。

一旦當你人為地降低了結局的重要性，你就會比別人少一份努力。你以為沒差多少，可正是這看似不多的區別，會造就兩種完全不同的人生。

請醒醒吧，在這個充滿競爭的世界裡，比賽從來都是強者的遊戲，只有弱者才整天把「重在參與」掛在嘴邊。

世上只有成功了的人才有資格說結局不重要。如果你無法呈現出一個讓人滿意的結果，那麼，無論你如何強調過程中多麼辛苦、多麼努力，都不會有人同情你。任何事，唯有把它做完了，才能顯示出你做得有多好。

千萬不要相信旁人對你說的「結果不重要」這種話，因為你一旦真的搞砸了，批評、嘲諷、蔑視，會源源不斷地朝你襲來。

PROBLEM

「雙重標準」的問題

1. 假設你有一個調皮的孩子，帶他逛街的時候，他弄壞了一塊價值八萬人民幣的名錶，你會怎麼懲罰他？如果你是這個調皮的孩子，你希望爸媽怎麼對待自己？

2. 假如你很喜歡吃油炸食品，一個你討厭的人對你說「那不健康」，你做何感想？如果是你喜歡的人這麼對你說，你又做何感想？

3. 你是否支持名人免試進入名校？如果你是名人呢？

ANSWER

THEME 13
玻璃心

每個人的身邊總是有那麼一兩個玻璃心人，一碰就會碎。

比如在你忙得昏天暗地的時候，他來請你幫忙，「幫我的社群頁面按個讚吧」、「幫我轉發一下唄」……你若是忙得沒時間按讚或者轉發，等你忙完了再去回覆他的時候，你可能得到的訊息是「向某某某傳送交友邀請……」

是的，你被解除好友關係了。對玻璃心人來說，「任何情況下的不回覆」都是一種絕交行為。

比如你拉幾個好友聚會的時候，你肯定會和其中一兩個聊得多一些，坐得近一些。這時候他要是和你聊幾句，如果沒能插上話，等你和別人聊完了再找他聊天時，他肯定是一副愛搭不理的樣子。

對玻璃心人來說，如果別人不是「極度重視自己」，就是「極度不在意自己」。你的一個表情、一句「來不及」的回覆都像是打在他胸口上的「寒冰掌」！

還有一種玻璃心人是，在幫別人的忙時，比服務自己更加謹慎，甚至覺得是本分，自己卻從不敢麻煩別人。這類人逐漸演繹成靠幫助別人來維持友誼，隨時擔心感情崩潰。

只是他不明白的是，人和人之間想要保持長久舒適的關係，靠的是共性和吸引，而不是捆綁、奉承和一味付出以及道德式的自我感動。

玻璃心是病，它生在一個人內心的禁區上，別人一個不留神，它就血流成河了。

我想對你說的是，不要像個小孩子一樣，時時刻刻期待別人照顧你的情緒。小心有一天，到了你自己也煩你自己的時候，你的人生就真的完蛋了。

　　做人不能玻璃心，玻璃心是沒有未來的。

　　過分脆弱的情緒，怎麼有資格出席生命的狂歡？

THEME 14
把懶惰當時尚

在社群平台、微博中常看到類似於這樣的言論：

「美好的一天，從賴床開始。」、「一天從中午開始，早飯從午飯開始。」、「三十雙襪子都用了一遍，懶癌已到晚期！」

「只要膽子大，天天寒暑假。」、「人有多大膽，複習拖多晚。」、「努力不一定成功，但不努力一定很輕鬆。」……

誰要是說你一句「懶豬」，你或許還會覺得自己很可愛吧！

在青春的掩護下，頹廢看似是勇氣，懶惰是反抗，空虛是性感，可是當青春不再時，歲月就露出了原形，於是頹廢成了墮落，懶惰變成了罪惡，空虛成了恥辱。

很多人被「懶」擊倒在地，然後把懶當作「時尚、年輕」的標籤，以此來與老年人劃清界限。一旦有人拋出了一種「懶」的言論，便會馬上引來大家的認同，似乎一下子找到了組織一樣。

張嘴閉嘴就自稱是「懶癌晚期」，社群平台上裡三天兩頭地「炫耀」自己憂鬱、拖延、失眠……有意義嗎？

實際上，你的憂鬱症是矯情，你的拖延症是懶，你的強迫症是閒的，你的失眠是根本不睏！

誰都知道偷懶很舒服，也知道混吃等死地過日子很輕鬆。那麼，就請你趁著年輕大膽去懶，繼續去混吃等死吧。反正，等你七老八十的時候，當別人都在端著茶杯、拿著報紙曬太陽的時候，你可能就在不遠的地方，

爲著生計賣茶葉蛋呢！

　　那時候，猜想你就能感覺到臉頰隱隱發熱，因爲時光終會給懶人一記響亮的耳光。

　　歸根究底，生命是你的，對你負責的只能是你，縱使再親近的人，也無計可施。

　　向前、向上的路通常是難走的，但你也只能獨行。你會無數次想到退縮，無數次受到打擊，你像去鷹群裡搶食的小雞，每一天都惶恐不安，害怕被吃掉，日子一天天過去，終於有一天，你發現自己變成了鷹。

　　如果你不肯努力，又不肯冒險，你就永遠沒資格對這個世界指手畫腳，就永遠不要覺得這個世界欠你什麼。

你總是間歇性躊躇滿志，持續性混吃等死。
說得難聽一點，你是像豬一樣懶，
卻無法像豬一樣懶得心安理得。

PROBLEM

「過眼雲煙」的問題

1. 你還記得你大學寢室的電話號碼嗎？

2. 你和前任是因為什麼分手的？前任教會了你什麼？

3. 你是如何處理前任留下的、送你的東西的？

ANSWER

THEME 15
不強更累

上學的時候，是敷衍度日，勉強畢業，還是爭分奪秒，專業，社交，哪項都不能落下？

畢業前夕，是選擇雖然辛苦卻自己喜歡的工作，賭一個也許更好，卻不確定的未來，還是隨便找一份工作，平淡安穩，聊以度日？

工作數年，當新鮮勁散去，是堅持不懈、再上新臺階，還是回到家鄉，做一個清閒的人，然後享受歲月靜好？

有人會說：「不必太要強，輕輕鬆鬆的不也挺好嗎？」但試問一下，落入平凡的不強大、不優秀，就會真的過得好一些嗎？

在大家都說工作難找的時候，為什麼總有一些人有一大堆的機會可以自由選擇？

在大家都說錢不好賺的時候，為什麼總有一些人有一大堆賺錢的項目和方法？

在大家都說職場黑暗、升職不易的時候，為什麼總有一些人可以平步青雲？

換個角度來說，當別人輕鬆地在一堆職位裡挑挑揀揀的時候，其實輪到你累的時候到來了。

當別人在職場上風生水起的時候，也許你正在如履薄冰！

當別人賺得盆滿缽滿的時候，也許你在嘀咕自己薪資太低，上升空間有限！

你說，不強，是不是更累？

當你不夠強時，你發的一切飆和牢騷，你落的任何眼淚和汗水，在別人看來都只是個笑話。

那麼，變強辛苦嗎？答案是肯定的。但是唯有強大了，你才可以選擇你想做的事，去你想去的地方，過你想要的生活。

強大，意味著你在一個團隊裡有優先的選擇權，在職業生涯裡，你可以盡可能走那些有效的路，而苟安於那些暫時看上去不累的工作，到最後失去的卻是最重要的——選擇的權利。

強大，意味著你在同樣的人生裡有更多的自主權，在生活中，你可以盡可能選擇自己喜歡的東西和生活方式，而那些暫時過得輕鬆、舒適的人，到後來失去的卻是最珍貴的——自由。

如果你懶惰、拖延，那麼以後你就要付出更多。相反，你變得勤快了，優秀了，你身邊的環境也會跟著升級。

退一萬步說，只要你願意努力，那麼你人生最壞的結果，也不過是大器晚成。

PROBLEM

「欲言又止」的問題

1. 聚會的時候，你突然不說話，
   是因爲交流太困難，還是被某人驚豔到了？

2. 如果是別人突然不說話，
   你認爲他是內向，還是有心事，還是有情緒？

ANSWER

THEME 16
沒有功勞談苦勞

一位美國企業家曾說過這樣一句話：「不要告訴我分娩有多麼痛苦，把孩子抱來給我看看。」

是的，你再辛苦、再不容易，和所有夥伴一起起早摸黑、加班加點地捏出來一個泥娃娃，拿到市場上，對客戶說：「這是我們鏖戰、流汗打造出來的，儘管功能有點欠缺，品質不盡如人意，鼻子有點歪，臉有點醜，但是，既然我們造出來了，你們就應該買回去。」

有這樣的道理嗎？

你是個加班狂，每天七點半就到公司，滾來滾去忙到下午六點下班。出去吃個便當，回到公司接著拚命到半夜才回家。這樣是很辛苦，但這不叫功勞。

你每天早起晨跑、讀書、冥想，心裡夢想著做個有趣、有情調、有追求的人。這樣是很酷，但這也不叫功勞。

功勞的構成，無非是任務完成的「數量」和「品質」，也就是「你做了多少」和「你做得多好」，與你流了多少臭汗、上了多少小時的班沒有半點關係。

當你「努力」了一天卻沒有像樣的結果，那你今天對公司的貢獻就是零。「任務能否完成」是基數，「努力」是係數。殘酷的事實是，當基數為零時，係數再大也沒有任何實際價值。

試想，如果成龍沒有那些好作品，他一身的傷還有意義嗎？

如果愛迪生沒有找到鎢絲，那他之前的上千次失敗，還有誰會去在意？

　　你要記住，「沒有功勞也有苦勞」這是庸才說的話，優秀的人從來都是用結果來證明自己。

單身再久，我都勸你不要灰心，
上天正在絞盡腦汁地爲你做安排，
畢竟，要找一個特別糟糕的人來配你，
總得多花些時間。

THEME 17
覺得別人炫耀

有個段子說：「最大的善良，就是別人挨餓的時候，你吃肉不呲嘴巴發出聲音。」

換個角度就是：「別人對你最大的善良，就是你挨餓的時候，他吃肉不呲嘴巴發出聲音。」可問題是，他不呲嘴巴，你就不餓了嗎？

如果善良只是讓人安心地挨餓，那它的意義就太扭曲了。難道不能是，你看到別人吃肉的時候，也去努力找肉吃嗎？雖然一時半會兒可能很難，但不去找，不去朝著那個目標努力，那你就永遠沒肉吃。

人是一個奇怪的物種，有時候生氣的原因，不是自己賺得少，而是別人賺得多。你在乎的不是自己有什麼，而是跟別人比，自己沒有什麼。

於是，你判定一個人是否有炫耀的標準，不在於他的真實情況，而是你自己的實際情況。然後，你對此憤怒，或者悻悻地說：「我想要的我都弄不到；你都有了，還抱怨你的太少，你也太能裝了吧！」

可問題是，當你銀行戶頭裡面的存款，能夠讓你買個 iPhone 像買蒜頭一樣輕鬆，你自然不會覺得秀 iPhone 的人是在炫耀。但是，對於那些需要賣腎來買 iPhone 的人來說，就是炫耀，何止是炫耀，簡直就是曬腎。

換句話說，並不是「越缺什麼，才越炫耀什麼」，而是「你越在乎且不屑別人所炫耀的，就越是你想要的」。

與其每次面對別人的炫耀，表現出「不爽」和「憤懣」，甚至憋出內傷，還不如好好利用這些黑暗能量，刺激一下渾渾噩噩的自己，更努力地工作，更刻苦地學習，更認真地化妝，更起勁地減肥……這樣，你不僅逃

離了無休止的精神折磨，還有更多的機會去縮小和別人的差距。

看到別人的生活，能理解；反思自己的生活，能自省。哪怕別人真的是在曬，你也要能把這份「羨慕嫉妒恨」轉變爲促使自己努力的力量，這才是最有意義的。

不要在蒼蠅面前拉屎，因爲對牠來說，會覺得你是在炫富。眞心希望，這隻蒼蠅不是你！

PROBLEM
「如果兩難」的問題

1. 如果你需要做一個心臟移植手術，現在有兩個選擇：
   一位醫生醫術高明，但謊話連篇；另一個醫生沒那麼高明，但誠實可靠。你會選哪個？

2. 如果你犯了重罪需要請一位律師，現在有兩個選擇：
   一個是辯論高手，但謊話連篇；另一個沒那麼厲害，但誠實可靠。你會選哪個？

ANSWER

THEME 18
急著要回報

人不成熟的第一個特徵，就是立即要回報。他不懂得只有春天播種，經過夏天的成長，到秋天才會收穫。

在職場或者生活中，很多人剛剛付出了一點點，就想馬上得到回報。才跑了三天步，就想要馬甲線條的身材；才看了五天書，就想在考試成績上突飛猛進……

總是想用最短的時間成功。

用最短的時間減肥。

用最短的時間變漂亮。

用最短的時間學會一門技能。

用最短的時間練出肌肉。

要學一樣東西，總是火急火燎，巴不得一個月就有奇效，因此他加班加點，不斷透支身體，把所有的享受都摒棄，把生活弄得兵荒馬亂，把自己弄得疲憊不堪。而他還自稱上進、有追求，想成為職業達人，想在某個行業取得成績……

真相卻是，他因為等不及，總是試圖用最少的時間，最少的努力，得到最好的結果。而結果，要麼是累得雞飛狗跳，忙得連頓飯都沒時間吃，連家人都沒時間陪，要麼就是實在堅持不下去，中途放棄了。

其實，任何事情都不可能一蹴而就，如果你偏要一個月減肥成功，偏要一個月背誦一萬個單字，偏要一個月寫一百萬字，你肯定會焦頭爛額，

結果註定是無疾而終。

只有長久的堅持，才是真正有意義的。

你一天背一百個單字，今天累到吐血，然後用一個星期的時間休息復原，跟每天背二十個單字的人比起來，誰更輕鬆？誰更容易堅持？誰學得更多？

付出不一定有回報，更不會馬上有回報，你又不是以時計薪的臨時工！

PROBLEM

「沒羞沒臊」的問題

1. 你覺得兩個人在一起，是喜歡重要，還是合適重要？

2. 你是如何區分「一往情深」和「死纏爛打」的？

ANSWER

THEME 19
忘恩負義

除了伸手要錢，你還爲父母做過什麼？嫌棄生活壓力大，嫌棄學習任務重，嫌棄他們囉唆，還有別的嗎？

你說自己坐車回家很累，放下東西就什麼也不做，可是他們幹了一天的活，仍要爲你做飯菜。在學校，沒有生活費了，你才想起給家裡打電話，開口便是要錢。

最過分的是，你用著他們給的生活費，大肆揮霍，買了這個又要那個，還花得心安理得。

而他們用著自己賺的錢，分分計算，擔心你的生活費不夠用，竟還要花得小心翼翼。

你看，最後你是把生活過成了詩，卻讓父母活在了水深火熱之中。

都說兒女是前世的債主，今世是來討債的。但你該知道，根本沒什麼前世今生。他們把世上最寶貴的東西送給了你，他們才是債主，而你才是欠債的人。

生活免不了難處，若你不覺得難，那你要明白，一定是有人替你抵擋了那些難。

這個世界很殘酷，努力不一定有結果，但是不努力一定沒結果。更殘酷的是，如果你選擇了偷懶，命運就會安排另一個人替你受罪。

所以，你不努力，就是自私！

你之所以要非常努力，是爲了讓自己成功的速度，超過父母老去的速度。

你呀，不僅是要和自己賽跑，還要和時間賽跑。你得儘快讓自己變得優秀起來，趁著報恩，趁著相愛，還來得及。

　　請你儘快停止那些不勞而獲的幼稚的幻想，放棄那些毫無根據的歲月靜好，你要努力，要折騰，要風雨兼程，這樣才對得起那些和你選擇一條船、陪你長大和前行的人。

PROBLEM
「拜託拜託」的問題

1. 你相信有神仙嗎？
   如果不信，在考試之前，在天災人禍面前，你祈禱過嗎？

2. 如果你並不了解某個焦點事件，但為了吸引關注，你會胡編亂造嗎？

ANSWER

THEME 20
指指點點

不管你選擇什麼樣的生活方式，都會有人指指點點。

生活中，你堅持的一切，也都會有人看不慣，他們在人前或者人後，帶著看熱鬧的心態，也帶著不滿、嘲諷、忌妒、不屑⋯⋯

在這些人眼裡，結婚是錯，不結婚是錯，生小孩是錯，不生小孩是錯，老少配是錯，整容是錯，有錢是錯，沒錢更是錯⋯⋯他們就像是北極地區的因紐特人，在拚命教育非洲居民，如何在雪堡裡生活！

很多情況下，你做到了 A，就會有人問你為什麼沒有做到 B；你做到了 B，又會有人問你為什麼沒有做到 C。

你皮膚不好，人家就會有意無意地叫你護理肌膚；你工作不順利，別人就會主動向你傳授一些工作技巧；你單身好幾年，自然就有人向你灌輸各種人生觀、價值觀，以及近乎炫耀的「戀愛技巧」⋯⋯

那麼，為什麼有的人怕人批評指點，而有的人根本不在乎別人的指指點點呢？歸根結底落在一件事情上，那就是「實力」。

你越差勁的時候，對你指手畫腳的人會更多！因為你個子矮啊，隨便哪個高個子輕輕鬆鬆就可以戳你的腦門。

所以，與其將時間浪費在與那些喜歡「吐口水」的、差勁的人較真，不如多花點時間讓自己變得優秀起來。你還有很多事情要做，很多敵人要打敗，很多關要闖，很多彎路要去摸索。你得知道自己在做什麼。

同樣重要的還有，千萬不要對一個「既愚蠢，又懶散」的人提建議，

愚蠢歸根結底是他自己的事，你何必杞人憂天？

如果有人偏要做爛泥、做鹹魚、做鏽鐵、做朽木，那你也大可不必惱怒。你永遠無法破滅另一個人的幻覺。不管你有多少經驗來證明他們的錯誤，他們都會堅持自己的謬論，強烈地抵抗你、觸怒你。

世界上最浪費表情的事情，莫過於你對一灘爛泥痛心疾首，各種好心相勸，而爛泥自己卻說：我就愛躺著，誰要你多管閒事來扶我？

不負責任地指指點點，其不負責任的體現是：他們「只管殺，不管埋」。

比如你正擠著地鐵去上班，旁邊有座的阿姨就會「心疼」地對你說：「哎喲喂，這麼漂亮的女孩，你男朋友怎麼沒開車送你啊？」比如情人節你累了一天回家，社區裡遛狗的大媽就會「滿臉同情」地跟你說：「我女兒剛才捧了一大束鮮花，你怎麼空手回來呢？」

當你帶著無比沮喪、沉重的心，到家就開始跟男朋友吵，到最後天翻地覆、瀕臨分手了，可這些阿姨大媽呢，她們可不管你今天快不快樂，明天嫁不嫁得出去，她們只管自己的碎碎唸有沒有念叨完，只關心今天的韭菜新不新鮮，雞蛋有沒有打折。

他們的邏輯是：「我這是為你好，所以我是對的，你是錯的；我這是關心你，所以你得聽我的；我這是在乎你，所以你得改，你得回到我喜歡的狀態；我這是為你好，所以你就不能不領情，否則你就是自私，是無情無義。」

我的建議是，賜他們一個鈦合金的白眼，然後好好地過自己的生活吧！

最好的狀態是：和聊得來的人聊天，享受擺在眼前的事，對自己當下

的言行負責──不去別人的生活裡指手畫腳，也不輕易地被別人影響。

切記，別人的嘴賤最多只是無毒又無力的箭罷了，你不理它，它奈何不了你。怕就怕，你自己把已經掉到地上的箭又撿起來，往自己心口插，然後喊著：「哎喲喂，這箭有毒！」

你不要命地對一個人好，
生怕做錯了一點對方就不喜歡你，
這不是愛情，而是取悅。
分手後覺得更愛對方，沒他就活不下去，
這也不是愛情，只是不甘心。

THEME 21
不勞而獲

有人說：「有時候，上天沒有給你想要的，不是因爲你不配，而是你值得更好的。」

我十分嚴肅認眞地告訴你，就是你不配！

很多人的心思可以用四個詞總結：不勞而獲，不學有術，相愛無傷，狂吃不胖。

腦袋裡全是坐享其成的美夢，身體的每個細胞都被懶惰撑得滿滿的。嘴巴裡念叨著「來一場說走就走的旅行」，卻不知靠什麼出發；心裡默念著要「以喜歡的方式過一生」，卻不知道用什麼去養活那樣的自己。

世界上可以不勞而獲的只有貧窮和年齡。沒有哪件事，不動手就可以實現。眞正的美好生活是你自己努力創造出來的，而不是從天上掉下來的。

過自己想要的生活，不僅需要勇氣，更需要實力。

勇氣很容易出現，比如說：因爲別人的精彩人生，我見過，我就不希望它只是我心裡的一個夢；因爲別人的故事我聽過，但味同嚼蠟，所以我想要一一來經歷；因爲很多的地方風景極美，我聽人說過，也見過照片，卻沒去過，我要親自去看看；因爲這個世界上有很多好吃的，我不想對著圖片流口水，我要親自去品嘗。

可實力你不見得有。所以很多看起來特別勇敢的人，在說了很多關於夢想、關於旅行、關於努力的豪言之後，都陷入了抱怨的旋渦中：爲什麼別人有安穩的日子？爲什麼別人不努力就可以過想要的生活？爲什麼我沒

錢、沒時間？為什麼在旅途中的總是別人？

生活不會平白無故就給你想要的，你想要過喜歡的生活，就得去爭、去耕耘。

想要過自己想要的生活，想去擁有自己喜歡的人，最可靠的辦法是，讓自己配得上。

二十幾歲的年紀，其實一眨眼就過去了，而也正是這稍縱即逝的幾年時間，將會決定我們三十歲之後的生活品質。

THEME 22
藉口多多

我們常常能聽見別人說，或者你自己也曾說過類似這樣的假設：

「如果之前我多花點時間畫畫，現在也許已經是小有名氣的插畫師了。」

「如果當初我再努力一點，就會上個更好的大學了。」

「如果畢業後我能選擇那家公司，也許今天的發展空間會更大。」

「如果當初我鍛鍊鍛鍊身體，也不至於像現在這麼難看。」

……

可現實大家都很明白，根本就不存在「如果……」這樣的事情。請你記住：沒有如果，只有結果。

明明知道隔幾分鐘就更新社群動態、刷微博很浪費時間，是不對的，可就是停不下來。

才打開今天決定要看的書，就想起來要拍張照片，於是順便發了個動態貼文，然後就走神了，在動態上眼花繚亂的消息、貼文中忙得不可開交。直到兩眼紅紅的，才想起來要看的書才翻開扉頁。

剛才還信心滿滿地要學習英語口語，可一打開筆記本，就被自動彈出來的電視劇推薦給吸引了，於是丟了魂魄，跟著劇集裡面的阿哥、妃子、王子們去闖蕩江湖、去宮鬥。等回過神來，才發現已經是半夜十二點了。

昨天還信誓旦旦地說要瘦成一道閃電，可一看到好吃的就小鹿亂撞，比見到初戀還激動。於是大吃了一頓，順便還發了一個貼文，配著類似「我

要好好愛自己」的文字……

爲什麼有那麼多人在追求「無需提醒的自覺」和「以約束爲前提的自由」，最後都變成了「無需提醒的懶」和「沒有底線的肥」？

是缺少決心？是條件不成熟？是蒙昧無知？

都不是，是缺少自制力，是隨隨便便就能找到偷懶和狡辯的藉口。

藉口就如吸毒，有了一次就會有兩次，次數多了，這些連你自己都無法回絕的藉口就成了你日漸平庸的緣由。

但我想提醒你的是，革命眞得靠自覺。如果你三番五次地給自己懶、醜、窮找心安理得的藉口，那麼我就只能佩服地對你說一句：「眞狠，連自己都敢騙！」

PROBLEM

「後果自負」的問題

如果有一個鍵，你按下去，

所有的知識會進入所有人的腦子裡，然後全人類一樣聰明，你會按嗎？

ANSWER

變厲害就意味著，

曾經因為一點風吹草動的小事就能多愁善感，

到如今，

即便是翻山越嶺，你單槍匹馬也應付得來。

這樣的你，

別說扭開瓶蓋了，消防栓都不在話下！

PROBLEM

「定時炸彈」的問題

1. 想像一下，你是一名員警，你得到了一個確切的消息，說城市裡有一顆定時炸彈已經啟動了。你們抓住了一位知情者，但是他寧死不屈，什麼都不肯交代。

   那麼，你會對他嚴刑逼供嗎？

2. 如果他經受了一切酷刑還是不說炸彈在哪裡，你會以他的女兒要脅他嗎？

ANSWER

THEME 23
美麗的憂傷

戀愛時最可笑的事情就是，他才陪你去了一次公園，給你做了一頓飯，跟你說了一句晚安，他就成了「對我最好的人」。

失戀時最滑稽的一句話就是「我再也遇不到對我這麼好的人了」。哪有那麼多「最好的人」。你才見過幾個人？

所有初始時就覺得驚豔的感覺，都可以歸結為見識少。

其實，世界沒有你說的那麼荒唐，也不會太好；感情沒有你鄙夷的那般不堪，也不是那麼美妙。

如果總是淪陷在悲傷的井底，你就看不到外面的美好；如果總是把自己鎖在幸福的幻覺裡，你就看不清現實的殘酷。

當你往後站一步，以更大的視角看整個人生時，你就會發現，從前和以後遇見的人都很多，總得經歷幾次，才能成熟一些。

畢竟，離開的只是風景，留下的才是人生。

怕就怕，你既看不到希望的岸，也觀望不到幸福的島嶼，而只好任由自己溺亡在傷心的海裡。我想提醒你的是，生活是個冷漠的編劇，它不會因為你多給自己加了悲傷的戲份，就多付給你片酬。情場本就是一場血流成河的戰役，你最該關心並思考的是前方的路該如何繼續。

你呀，年紀也不小了，該幹麼幹麼去，別一頭栽進那些美麗的憂傷中，一邊拚命往裡鑽，又一邊喊救命。

失戀也好，挫敗也罷，真正擺脫它的方式不是躲避，不是試圖忘記，

更不是醜化，而是接受。它已經發生了，你從它那裡汲取完經驗，給它鞠個躬，就要趕赴下一段旅行。

　　只是一起走過一段路而已，何必把懷念弄得比經過還長？

PROBLEM
「不分男女」的問題

1. 你是否會覺得，另一種性別會活得相對容易一些？

2. 假如你有選擇權，你會選擇變成另一種性別嗎？如果變了，你覺得自己會活成什麼樣？

ANSWER

茫茫人海中，
就數討厭自己的人最討厭。

PROBLEM
「良心脆弱」的問題

1. 好朋友推薦了一本他非常喜歡的小說給你，但你根本讀不下去。你會怎樣描述你的閱讀感受？
   是實話實說，還是假裝讀完了？

2. 社區樓下的小雜貨店替你收了快遞，你去取快遞的時候，會買一些根本就沒想買的東西嗎？
   如果小雜貨店的老闆向你推銷某款減肥產品，你拒絕了他，之後你還會讓他代收快遞嗎？

ANSWER

THEME 24
好東西都很貴

有句很受歡迎的雞湯文說「世上所有美好的東西都是免費的」。我想告訴你，真正美好的東西不僅不會免費，而且還很貴。

比如你想去巴黎，坐在街邊的咖啡店裡，吃著牛角麵包，翻閱報紙，一待一上午。

想去塞納河邊，請街頭畫家給自己畫一幅畫像；想去羅馬，在許願池裡扔硬幣。

想去凡爾賽宮，在鏡廳裡看無數個自己；想去撒哈拉沙漠，和駱駝隊一起走個三五天。

再或者，你希望有棟大房子，有巨大的落地窗，有通頂的書櫥，有種滿鮮花的陽臺，有滿牆的旅遊照片。

可是我想提醒你的是，你想要的平淡裡有花不完的錢，住著舒服的大房子，有漂亮的衣服，有愛的人……可你憑什麼輕而易舉地擁有呢，哪一樣不需要錢呢？

這就是說，你想去流浪，可以，但請你帶著一技之能；你想要自由，可以，但請你先擁有讓人看得起你的本事。

你要愛情，可以，但請你帶著拿得出手的承諾；你想要圓夢，可以，但請你付出足夠的努力。

你總得有養活自己的本事，才能不用看別人和命運的臉色，你才能有說走就走的旅行。

如果你總是欣然地接受生活的種種安排，又有什麼資格向命運索要厚愛？

　　如果你仍將前進的希望寄託在「過去的美好想像」之上，仍然把成功的密碼定義為「等好運來臨」，那麼我只能以無比邪惡的口氣對你說：「別放棄你的夢，繼續睡！」

THEME 25
一眼望得到頭的生活

這世上有只願意活得安穩的人，可那不該是你。

如果你了解自己──不是那種可以喝著茶、翻著報紙、打著麻將就過一生的人，那趁著你還年輕，還有得選，希望你永遠不要選擇什麼穩定！

其實，「安穩」的心態廢掉了很多本該有機會、有能力、有信心去打拚的年輕人。長輩們的好心卻總是在有意無意地替「穩定」說好話，可是他們並不太明白，子女才剛出校門，還沒開始奮鬥，就念著安穩。那麼此時的安穩，不過是平庸的一個說詞。

你以為清閒帶來的安逸是福氣？實際上，它剝奪的是你對未來的期待，割斷的是你與世界的距離，它讓你的心胸日漸狹窄，也會讓你對人生越來越懷疑。

不論是對固執的親人，還是偷懶的自己，你得學會反駁：「我才不要過這種一眼望得到盡頭的生活」、「這種工作做到六十歲估計也還是這個樣子」、「再待下去，我就會變成白痴了吧」……

在一家看起來永遠不會倒閉的公司，和一群「無趣而友好」的同事坐在一起，等到光榮退休那天，也不過是換了容顏。每每想到這裡，你有沒有驚出一身冷汗？

試問，這樣的青春，有什麼好留戀？

實際上，那些能夠在安逸的時候仍對自己下狠手的人，換個環境也能風生水起。一開始就想著要穩定的人，選擇的其實並不是穩定，而是停滯。很多壞事情就是從此開始的。

眞正的安穩是歷經世事之後的淡泊，你還沒有見過世界，就想隱居山林，到頭來只會是井底之蛙。

THEME 26
平凡，可什麼貴

朴樹的《平凡之路》剛出來的時候，引起了以「八〇後」為主的男女青年們莫名其妙的感動。

數以百萬計的人從這首歌裡汲取到了不一樣的力量，好像每個人的靈魂都因此而得到了似是而非的昇華。可似乎每個人都只是看到了歌名，聽到了旋律，而忘了讀歌詞。

歌詞說得很明白，「我曾經擁有著的一切，轉眼都飄散如煙，我曾經失落失望，失掉所有方向，直到看見平凡才是唯一的答案」。

換成更為直白的話說，「大爺我已經吃遍了這世上的珍饈美味，其實都不如家鄉的韭菜盒子」、「大爺我胡吃海喝慣了，現在終於看明白了平凡的意義」。

奇怪的是，大家是如何被引起共鳴的呢？你又有什麼資格表現出風輕雲淡呢？

電影《等風來》裡面有一句很刻薄的臺詞，但說得很有道理：「還沒高調的資格呢，就嚷嚷著低調；還沒活明白呢，就開始要去偽存真。這是一種最損己不利人的行為，自己活得假，別人看著特別地累。」

甘於平凡的前提是你可以不平凡，可惜人群中百分之九十的人都沒有這個資格。

十幾歲的時候，你在學校裡煎熬，便急著長大，因為你羨慕二十幾歲的人有一份安穩的工作，買得起房，買得起車，有時間出門旅遊，有閒錢做生意，生活可以過得有滋有味。

可到了二十幾歲，當你畢業、真正地長大了，平凡的你，卻為何又如此惶恐不安？

原來，最痛苦的不是夢想泯滅，而是回望年少時熱血沸騰的夢想，如今再難啟齒。

原來，最可怕的並不是生活的平凡，而是正在過著一種平庸的生活，還覺得理所當然。

放下你的浮躁，放下你的懶惰，放下你的三分鐘熱度，放空你禁不住誘惑的大腦，放開你容易被任何事物吸引的眼睛，放淡你什麼都想聊兩句八卦的嘴巴，靜下心來好好做你該做的事，該好好努力了！

人類之所以成為人，不是因為哪隻猴子甘於平凡，而是牠在嚐過火烤食物後的內心深處湧起的無盡欲望，如果當時牠的腦海裡湧現的是「其實吃點野果也挺好」，那麼現在大家還在樹上吃又酸又澀的野桃子呢！

更為可怕的是，我們無法預計未來，而時光這種東西充滿了魔性，它也從來不會提醒你以後會發生什麼，只是看著你，像個傻子一樣靠在沙發邊，沉沉睡去。

PROBLEM
「信仰」的問題

1. 想像一下，你失足掉進了一個深井裡，掉了足足三十公尺才抓住一根藤蔓。你無比絕望地大喊：「救命啊，上面有人嗎？」
   這時候，你聽到一個聲音：「我是上帝，你放手吧，放手就得救了。」
   你會放手嗎？還是繼續喊救命？

2. 在你的葬禮上，你最希望聽到朋友們議論你什麼？

ANSWER

PROBLEM
「不宜推敲」的問題

1. 如果有一天，人類證實了靈魂的存在，這對人類意味著什麼？

2. 在很累很睏同時肚子很餓的情況下，是先做飯吃？還是先睡覺？

3. 你覺得吃到飽自助餐當天剩下的菜都去了哪裡？

ANSWER

竊以為，

新時代的大善人，

不是「我讓你占盡便宜」，

而是「你別占我便宜，我也不占你便宜」。

一個人不要命地對另一個人好，
不到徹底寒了心，
一般是不會知道什麼叫「自作多情」的。

THEME 27
馬後炮

「馬後炮」最擅長的，不是找出「問題出在哪兒」，也不是想著「怎麼解決」，而是要充分地、明確地告訴別人，「你錯了，而我早就知道」。

「馬後炮」的突出特點是：先讓別人試錯，再讓自己得意。

他最擅長的是推卸責任。所以，在決定之前，他不會保證什麼，也不敢肯定什麼，但在結局產生之後，他肯定會去貶低那些拿主意、做決策，以及執行的人。

他最喜歡的是譁眾取寵。因為沒有一錘定音的本事，也沒有擔責的勇氣，所以在事後輕鬆地說一句「你看，我早就說過」，就更加顯得自己聰明了。

對「馬後炮」來說，他想表達的意思是：「你看我多有遠見，所以你該多聽我的話，否則你早晚還會吃虧」。但對聽者來說，他能感受到的卻是幸災樂禍，是落井下石。

比如，「我早就說過，不要和他結婚，他一看就不是什麼好人」，這句話的感覺是：「你現在後悔就是你活該」；「我早就說過，不要走那條小路，一看就不好走」，這句話的感覺是：「你弄了一身泥就是你自找苦吃」；「我早就說過，讀書的時候要用功」，這句話的感覺是：「你現在工作辛苦就是你咎由自取」。在生活中，這類人也很常見。

比如，馬上要進行一場比賽，開賽之前，他一言不發，比賽剛一結束，他就要出來搶戲：「你看吧，我早就說過，這個隊會贏，一臉的冠軍相」，或者，「我早就說過，要把他給換下去，教練真是太差了」。

比如，你在做一件很有挑戰性的工作，在開始之前，既沒人反對，也沒人支持。當你做成了，就會有人跳出來說：「我早就說過，這件事就該這麼做」；如果你搞砸了，也會有人說：「我早就說過，這事情不能這麼做」……

唉，事後諸葛亮，事前豬一樣。

遠見要用在指導未來上，而不是用在挖苦過去。

要避免做「馬後炮」，最好的方法是把自己的想法寫在紙上。關於老闆的決定，親人的強求，朋友的選擇，職業的方向，科技發展的趨勢，球隊的成績等，然後時不時地用既成事實和自己的預測進行對比。

你會慢慢意識到，自己其實是一個非常糟糕的預言家。

我的建議是，如果一開始你就有不同意見或者預判，但別人沒有接受或者重視，而你意識到了自己無力左右，那就由著別人去吧。如果將來的某一天，他突然推翻了自己的意見，或者事實證明他當初的判斷是錯的，這時候你就不要再理直氣壯地說：「看吧，我早就說過……」，而是要反思一下：為什麼自己沒有說服力？

你當初是說了，但別人沒聽，這就等同於你什麼都沒說。「說服不了別人」和「你根本就沒說」，其實是一樣意思。

很多人無數次地陷入難堪，
原因竟然驚人地一致：
無非是，
你僅僅只產生心理上的不斷自責，
卻缺乏行動上的立即改變。

PROBLEM
「如鯨擱淺」的問題

1. 如果社群平台有訪客紀錄的功能，你會支持還是反對？

2. 回顧過去一年，有哪些事情帶給了你最多的積極情緒，讓你充滿了對
   生命的熱愛、感恩？又有哪些事情帶給你最多的負面情緒，讓你感到
   痛苦和無奈呢？

ANSWER

THEME 28
嫁禍於人

起床從不疊被子，頭髮亂成雞窩也不管不顧，胡亂洗一把臉就著急忙慌地飛奔出去追公車地鐵；平日裡懶得要死，臥室不到下不去腳的時候絕對不整理，然後迫不得已地在某天集中行動，直到累得死去活來……

總嘆著要找個男朋友，卻從不主動追求；一直都沒有真正喜歡的人，卻懶得接受別人的追求；戀愛經歷和戀愛的熱情幾乎為零……

平日裡最喜歡強調「寧缺毋濫」，簽名檔寫的是「我只是不願意將就」，實際上常常羨慕別人出雙入對；走在大街上，一臉傲氣就像是誰都不夠格入你的眼，甚至還宣稱「百分之九十的剩女不是沒人要，而是她在拒絕百分之九十的人」，可實際上你心裡很清楚，不是你沒看上別人，而是別人沒看上自己……

還沒出家門就害怕遇見渣男，剛剛加完微信就擔心對方是個騙子，才確定戀愛關係就擔心以後能不能結婚，還沒結婚就怕將來離婚……

你呀，就是烏鴉落在黑皮豬上，只看到別人是黑的，卻看不到自己黑。

一個缺乏自知之明的女孩，早晚會碰上這樣的悲哀：你正痴心苦等的「Mr. Right」，只瞧你一眼，就把你歸類為「Miss Wrong」。

要我說，你的父母催婚沒有問題，你的七大姑八大姨給你介紹男人也沒有問題，你沒有經歷早戀更不算問題，真正的問題是，你已經是大人了，卻還邋遢、懶惰，還不切實際，還脾氣比胸大，還嗓門比腰粗……

事實上，你現在的任何一個問題拿出來，都比你的年齡、長相、出身要嚴重得多。所以，拜託你不要再找理由來做你「沒人要」的擋箭牌了。

當你把日子過得乏善可陳，讓身體陷入肥胖或病態，再任由青春磋磋無爲地虛度，那麼就算給你一個浪漫、溫柔、富貴的男人，給你一個富足、體面的出身，也降低不了你整個人生的庸俗指數。

　　我眞替你擔心，怕你眞的在某天嫁人了，是變相地嫁禍於人！

THEME 29
剩女並不無辜

　　被催過婚的女孩，請你反思一下，你因為被催婚而火冒三丈，甚至覺得催婚的人冒犯了你的自由、羞辱了你的愛情觀的那些日子，你的生活是不是一團糟？以致七大姑八大姨會四處打聽，幫你物色人選；親爸親媽會心急火燎，對你威逼利誘。

　　要我說，催婚的緊迫程度和你當前生活的糟糕程度是成正比的。換言之，是因為你的單身生活太不讓人放心了，所以他們才會逼你找一個男人，為你保駕護航，替你分憂解難。

　　可是你呢，作息極度不規律，工作時時在煩心，把日子過得比鍾馗的臉還凶險，居然好意思在飯桌上向旁人抱怨，說父母催婚的方式方法不近人情！

　　三天一感冒，七天一發燒，租來的單人房亂得連自己養的貓狗都嫌棄，月初發的薪水少得連買一件新衣裳都吃緊，除了靈巧操作手機和談論偶像劇之外，再也沒什麼拿得出手的本事，居然還大言不慚地反擊父母，說什麼「我想要自由」！

　　你呀，既做不到衣食無憂，又不能活得優雅淡定，渾身上下散發著一股窮酸、窘迫、不安、焦慮的怪味，分明就是個單身乞丐，居然還厚臉皮地自稱「單身貴族」。

　　是的，生活就是這樣俗氣，你無所謂地、糟糕地任由自己「剩著」，不僅嚴重地降低了你整個家庭的幸福指數，而且還大大豐富了鄰里的話題！

我知道，天天被爸媽嘮叨「你年齡不小了」、「眼光不要太高」、「再晚就嫁不出去了」的感覺有多糟糕。

我也明白，你對街頭大媽、鄰居大嬸、七大姑八大姨的催婚話題有多厭煩。但是，大發脾氣然後摔門而出，擺出潑婦的樣子和他們撕破臉皮都是最糟糕的回應方式。

在我看來，不管是親朋好友們的好心規勸，還是左鄰右舍的有意無意提醒，又或者是一些不太熟的人發出的冷嘲熱諷的聲音，都從側面說明了，你當前的生活狀況是讓人擔心的，而不是叫人羨慕的！

要我說，剩下來並不可怕，可怕的是你沒有做好準備，也沒有相應的能力來過好這樣的生活。

回應催婚的最好方式是，賺更多的錢，養更美的顏，活出更精彩的每一天。

你想想，當你有著二十幾歲的臉，二十幾歲的身材，二十幾歲的心態，二十幾歲的肌膚，卻有著二十幾歲的女孩想都不敢想的事業和財富，這樣的你，誰還好意思催你結婚？

這樣的你，又怎會在意誰來催婚？

這樣的你，渾身上下只有金光閃閃的幾個大字——我想愛誰就愛誰。

需要特別提醒的是，你一方面要學會體諒父母的良苦用心，一方面要試著理解七大姑八大姨的苦口婆心，同時還要保持對婚姻的謹慎態度。因為催婚再可怕、單身再孤獨，都沒有被人趕著進入一段你還沒有準備好的婚姻更可怕。

再說了，單方面的「降低要求」永遠都不是「剩女」的出路。

你要做的是，在追求獨立和自由的同時，變得更優秀、更值錢、更好看，而不是將自己當作一個包裹，滿懷僥倖地投遞出去。如果不夠優秀，又談何擁有？

　　單身再久，我都勸你不要灰心，上天正在絞盡腦汁地為你做安排，畢竟，要找一個特別糟糕的人來配你，總得多花些時間。

PROBLEM
「虛驚一場」的問題

1. 體檢之後，醫生說你患上了不治之症，只剩二十天的生命了。
   你嚇得腿都站不直了，正悲痛欲絕的時候，醫生接了一個電話，然後興奮地對你說：「體檢報告拿錯了，其實你非常健康。」
   你覺得自己賺到了嗎？

2. 一個星期之前，某某某對你說：「怎麼辦，我好喜歡你」，你因為害羞沒有回覆。一個星期之後，他說：「不好意思，我只是一時衝動」。
   你覺得自己有損失嗎？

ANSWER

THEME 30
那麼忙，又那麼窮

你的日子是這樣的吧：手機不敢離身，怕錯過任何一則訊息、一封郵件、一個電話；精神上二十四小時待命，以備某個重要客戶的「友情建議」。

即使你抽空去看了場電影，其間如果突然看見手機上有個陌生號碼的未接來電，就會在心裡琢磨半天；如果突然有幾天能夠準時下班，你甚至會有點不知所措——不知道回家早了要做什麼……

不知不覺間，你成了既窮又忙還茫然的那一群人。

發薪水的時候，你會抱怨：「計畫要花出去的錢，總是比賺的多」、「工作越來越熟練了，事情卻也越來越多了」。

朋友邀請聚會的時候，你會扭扭捏捏地說：「這幾天我實在是太忙了，等過幾天再找你」、「最近我有個企劃案要做，下次再和你另外約」。

看見某件心儀的外套時，你會謹慎地掩藏好自己貪婪的眼神，然後在心裡嘀咕道：「哇，好喜歡這件，可這也太貴了，還是算了吧。」

所有窮女孩們的計畫都驚人地一致：「等我有錢了」、「等我升職了」或者「等我有時間了」……

你有沒有想過，為什麼你的時間總是不夠用？為什麼你買稍微貴點的東西，都要不自覺地把它折算成自己多少天的收入？為什麼你以前看著數字就頭暈腦脹，現在願意對著數字精打細算，還時刻惦記著要怎麼花錢才能熬得到月尾？為什麼你正值青春的花樣年華，卻窮得只剩下理想，忙得沒時間生活？

實際上，絕大多數人的疲於奔命，不是因為忙，而是心態出了問題，是眼下的生活不能如人所願，是對當前的生活不知所措。

但是，如果你不能以一種主動的、有規劃的方式去對待生活和工作，那麼你即使什麼都不做，依然會覺得疲憊。

比如你忙著回覆一封又一封無關緊要的郵件，忙著參加一個又一個無聊的會議，忙著從一個聚會趕到另一個聚會，忙著在節假日跟社交軟體裡每一個熟悉的和不熟悉的人說沒完沒了的、便宜的祝福語……比如你每天兩點一線，在家和公司之間步履匆匆。一大早忙著擠上即將關門開走的公車，好不容易來到公司忙著準備資料、製作檔案、接待客戶。終於熬到下班，行屍走肉樣的狀態卻不忘看看社群動態，在手機裡看著大家都在為生計而奔忙。

可如果誰要是問你：「怎麼你老是這麼忙？都做了些什麼？」你就算皺緊了眉頭，想破了腦袋也只能給出一個這樣的回答：「呃，我也記不住都忙什麼了，反正就是很忙！」

你呀，像極了一隻在泳池裡瞎撲騰的旱鴨子，一直抓住一個叫作「工作忙」的游泳圈不肯放手。

於是，「我好忙」變成了你的海洛因，變成了讓你麻木的精神撫慰品。它讓你忘記為了什麼而出發，忘記了你的最終目的是什麼，就像把你綁在了旋轉的音樂盒上，看起來美妙，聽著也舒服，卻是周而復始的、無意義的瞎打轉。

嗯，那你就接著懶吧，以後很失敗的時候，還有可以安慰一下自己的理由——萬一努力了還不成功，那不就尷尬了？

這世上真的沒有什麼搖身一變，
更沒有什麼能拯救你的人，
有的只是你看不到的低調努力。
怕就怕，你只有低調，沒有努力。

再忙也要抽出時間讓自己值錢，

再孤獨也要注意保持身材，

你總不能既沒錢，又單身，

一窮二「沒」，還「胖」若兩人。

PROBLEM

「數學不好」的問題

1. 有一隻熊從 P 點出發，向正南走一千公尺，然後改變方向向正東走一千公尺，然後再向左轉往正北走一千公尺，此時牠正好到達牠的出發點 P。

   這隻熊是什麼顏色？

2. 請在 503 後面添 3 個數字，使所得的六位數可以被 7、9、11 整除。

3. 每瓶汽水賣一元，每兩個空瓶即可以直接兌換一瓶汽水，請問，給你二十元買汽水喝，那麼最多能喝到幾瓶？

ANSWER

THEME 31
隨手一撩

世界上最可恥的事情莫過於那個人戴著一張「絕世好人」的面具，去接近你，然後，一步步地擊潰你精心構築的防線，一點點蠶食你佯裝出來的堅強，像蛀蟲一樣在你心上肆意地啃噬，可等到你滿心歡喜地期盼他摘掉面具，和你演一場風花雪月的故事時，他卻連與你坦誠相對的意願都沒有。

這些套路無非是：剛開始揣摩你，之後試探你，等到認定了你很孤單脆弱、很寂寞感傷的時候，他就變身為特大號的暖暖包，要麼含情脈脈地對你說「我願意借你一副肩膀」，要麼深情款款地對你說「我會一直陪著你」。

一旦你的防備在這股暖流裡鬆懈了，暴露出內心深處的寂寞，再表現出半推半就的姿態，那他就會乘虛而入，全盤接管你的感情。

這樣的男生，往好聽了說，是「中央空調」式的暖男；往難聽了說，就是「有賊心沒賊膽」的機會主義者。他們的宗旨是「不讓你陷入孤獨，也不對你的感情負責」，他們慣用的手段是「空手套白狼」。

得手了，他和你登堂入室，之後再突然地移情別戀，留你一個人不知所措；沒得手，也只是假裝尷尬地笑笑，然後從你的全世界路過，任由你在牆角裡耿耿於懷。

事實上，你越是模稜兩可，他就越發得寸進尺；可如果你能把握住交往的底線，自尊自愛，他就會審時度勢，知難而退！

怕就怕，你太天真，遇見了身分不明的感情，就衝動得像海鷗捕食那

樣，一頭栽進水裡，全然不顧生死。

所以，如果一個熱情的男生突然從你的世界裡消失了，請你馬上去放一串鞭炮吧，因為他至少給出了一個鮮明的態度，最可怕的撩法是「拖著」，讓你以為還有希望，但事實是，他不僅不愛你，還懶得跟你解釋為什麼不愛你。

切記，不要一遇到撩你的男生就以為那就是「對的人」。這世上並不存在為你而準備的那種「對的人」，就算有，他也絕對不是靠混日子等來的，而是你不斷闖關，不斷打敗小怪獸之後，用贏得的積分去兌換來的。更準確地說，是你不斷升級，不斷優化之後，理應就能遇見的。

所以，要麼沉默著步步為營，要麼瀟灑地一刀兩斷，千萬不要把那些不可靠的情事放在嘴裡咀嚼出味道來，老皮老肉、怨氣滿滿的女人是最可怕的！

唯有你自己的世界裡物產豐饒，精神食糧足夠讓你自給自足，你才不會寄希望於命運，或者非得拿他人畫的餅來充饑！

所以，與其糾纏不清、喋喋不休，還不如一別兩寬，各自歡喜。從今以後，嘴要甜，心要狠，該留留，該滾滾。

希望你早日明白，歲月悠悠，除了快遞，誰都不必等。

THEME 32
以貌取人

你知道一個人最醜能醜到什麼地步嗎？大概就是自己說過的話，自己都不信；自己立下的誓言，自己置若罔聞，然後再對內心的渴望出爾反爾。

比如你對別人家的「馬甲線」、「A4 腰（編按：指比直放的 A4 紙張寬度還要窄的小蠻腰）」羨慕不已，於是，你對那一圈圈在胳膊上、腿上、腰上猖狂著的肥肉下了「逐客令」。

然後，你懶散地、舒舒服服地躺在床上，認認真真地發了個動態貼文，再信誓旦旦地寫著：「要嘛減肥，要嘛死」，然後再配一張熱血沸騰的圖片。

發完貼文之後，你又來回更新了好幾遍，然後用心地數了數按讚的人數，耐心地回覆評論的人。三分鐘二十個讚，或者二十分鐘三個讚，再然後，你開心或者落寞地發一會兒呆。

最後，不管是成功地引起了大家的注意，還是成功地沒引起注意，你都會心安理得地從床上爬起來，叫個外送或者自己做晚餐，並且不忘給自己加個蛋，以資鼓勵！

第二天，或者第二個禮拜天，你也曾心血來潮地衝進了健身房，還下了血本，辦了一張超貴的健身年卡。可在健身房才跑了十六分鐘的步、舉過三次十公斤的啞鈴、做過八個仰臥起坐，你就覺得苦不堪言，想著自己如此辛苦簡直就是自找麻煩，於是一頓反覆糾結之後，你就徹底地和健身房訣別了。

至於「馬甲線」、「A4 腰」，你依舊羨慕卻不再心動，當然了，它

們依舊是「別人家的」！

你其實也很愛財，也不願過那種捉襟見肘的單身生活。於是你給自己列了數十項的工作計畫、數十項的個人提升計畫。可惜的是，你白天做事依舊是懶懶散散，擠完公車、地鐵再回家時，想要加加班都覺得有心無力。看完三四集電視劇，已經凌晨兩點。每個早上都得掙扎數次才能起來，起床之後又突然發現臉上冒出了一堆擠不完的痘痘，當然了，眼袋又「豐滿」了一圈。

你扛著極度不規律的生活艱難前行，於是，在你二十幾歲的額頭上早早地掛滿了四十幾歲的憔悴。

你甘心嗎？你來到這人間走一回，難道是為了成為美麗主角的陪襯小丑？是為了成為優質男人的蔑視對象？是為了廉價的自尊和沒有底氣的人生而卑微地活著？

實際上，所有抱怨現狀卻始終無動於衷的人，其內心的潛臺詞是一樣的：「老天啊，請你賜予我花不完的錢、帥得一塌糊塗的王子和一張沉魚落雁的臉吧。」我說你要不要想得這麼美？

你可以說自己天生就沒有端莊的五官，但你一定要有精緻的妝容；你可以說自己買不起高檔的時裝，但你一定要保證自己的衣冠整潔。你的領口不能胡亂地豎著，袖子不要隨意地捲著，裙子大了要去換一個小尺碼的，而不是湊合著穿。

沒離開家門的時候，尚且有一個人在你出門之前檢查你的衣服，然後「絮絮叨叨」，現在只能靠你自己了。

你要明白，不論是物質、健康還是美麗，但凡是你想要，就需要你一點點地修煉，一次次地自制，一步步地流汗！只有這樣，你才能美美地享

受生活——對細節的把控越來越好，對情緒的失控越來越少。

在你透過努力改變自己，獲得物質、健康和美麗的同時，你還會獲得更多的尊重，更高級的安全感和無需提醒的存在感，你還會逐漸地領略到這個世界公平的一面——它會讓你相信：任何的努力都不會白費。

這依然是一個承認每個人努力的世界。在汗水面前，所有美好的東西對所有人都是機會均等的。不論是美貌還是物質，它就擱在那裡，但它從來不是「各取所需」，而是「按勞分配」。如果你偷懶了，那麼你的人生成績單上只會印著工工整整的四個大字——「謝謝參與」！

PROBLEM

「強人所難」的問題

1. 選一個自己討厭的人，列出五個優點。

2. 選一個優秀的朋友，列出五個缺點。

ANSWER

PROBLEM
「自抬身價」的問題

1. 坐在公車最後一排中間的位置像不像皇帝登基？

2. 在商場裡坐扶梯下來的時候，有沒有感覺自己就像領導人一樣萬眾矚目？

3. 每天掙扎著起床成功後，有沒有感覺自己是個被解救的睡美人？

4. 對面有人玩手機，會不會覺得他是在偷拍自己？

ANSWER

THEME 33
不如單身

很多女生，或是被家人逼迫，或者是被現實左右，年紀輕輕的時候，看著身邊的人都成雙成對了，就巴不得趕緊把自己交出去，就像是一起參加考試，看到別人都提前交卷了，於是也慌慌張張地交了。

可問題是，完成感情的試卷，你若不深思熟慮，就胡亂蒙一個 C，那你憑什麼要求愛情滿分？分明是連及格都困難啊！

如果你把談戀愛當成是消滅無聊、打發寂寞的手段，那你註定得不到一個稱心如意的郎君；如果你把結婚當成一項到了一定年齡就必須完成的任務，那麼你的下半生必然不會如你所願。

更準確地說，這只是你內心的迷惘，想找個依賴而已，跟愛情沒有半毛錢的關係。

怕孤獨而談的戀愛，根本就拯救不了你。戀愛最好的打開方式是為彼此錦上添花，而不是靠某一方雪中送炭。

你想要得到一個走過南、闖過北，知識廣博，閱歷豐富的男友，那你為什麼不自己也背上行囊，去感受這個世界的精彩？

你想要一個學富五車、事業有成的男友，那你為什麼不多讀幾本好書，為什麼不努力提高自己的能力，讓自己也在學識和事業上有一番作為？

你想要一個身材健美、肌肉發達的男友，那你為什麼不穿上運動鞋去健身房，讓自己也有一個凹凸有致的好身材？這樣的你，精神上不怕孤獨，身體上不怕辛苦，文能妙筆生花，武能殺魚切肉。這樣的你，就算以

後遇見情敵，能做的也是直面殘酷的對手，而不是繳械投降——你優秀得可以把別人比下去！

不管你是誰，公主也不一定要等著王子披荊斬棘地來拯救，灰姑娘也不必期艾艾地等那雙改變命運的水晶鞋。公主也可以把十八般武藝練得樣樣精通，讓自己變得冰雪聰明；灰姑娘也可以將十八般兵器耍得有模有樣，讓自己活得光芒萬丈。

唯有這樣，等到王子來的那天，你們就像是在時間的曠野裡，沒早一步、沒晚一步地相遇；如果王子沒來，你也能泰然自若活出自我的精彩。

要我說，被人拋棄眞的沒什麼，怕就怕幾年之後，你依然又醜又窮又無聊，只能證明了當年拋棄你的人是多麼有遠見，做了一個無比正確的決定。

女孩，你媽把你生得這麼漂亮，這麼可愛，不是讓那些不懂珍惜的人糟蹋的，而是讓你去糟蹋別人的！所以拜託你別再傻呼呼地任勞任怨了，你一個人的努力，永遠也沒辦法決定兩個人的關係。

換言之，如果你面前的那位男生特別愛耍酷，特別神祕，特別冷靜，那一定是因爲他不那麼喜歡你。因爲一個人在眞愛面前，往往是偶爾失態，偶爾耍賴，幼稚得像個孩子，蠢得像頭呆驢。

記住，男生若是愛你，就會覺得你笨，想方設法地要照顧你；但如果不喜歡你，就會覺得你足夠聰明，足夠厲害，甚至相信你身手矯健到不勞任何人操心！

PROBLEM
「不太滿意」的問題

1. 十八歲的時候，你在過著什麼樣的生活呢？

2. 你覺得青春是在哪一刻結束的？

3. 你想把夢想當工作，還是把工作變成夢想？

ANSWER

大多數人在感情裡產生失落感，
往往是因為，自己沒有成為更好的自己，
卻奢求別人是更好的別人。

THEME 34
假睡的考官

成績一般、能力一般，似乎也不影響你上課、工作時玩手機，下課、下班後玩遊戲，晚上熬夜追偶像的新劇。最後看到別人成績出眾，褒獎無數，你心裡滿滿是不甘心，只好哭喪著臉說：「我剛來時可比他出色多了。」於是你開始努力，可不到三天就懈怠了，並開始瘋狂地相信「再不好好享受生活就老了」。

那你的生活常態大概是，考試全靠臨陣磨槍，借同學的光也還湊合；工作全憑臨時突擊，靠同事幫忙也還能應付。

家境一般，似乎也不影響你好吃懶做，平日裡，你一邊嘲諷富家子弟的大手大腳，一邊暗諷官家後代的理直氣壯。可你後來卻發現，那些出身比你好、長相比你好的人，情商也比你好，學歷也比你好，甚至連工作能力、工作態度也比你好。你只好皺著眉頭說：「在學校的時候他們哪一門功課都比不過我。」於是你發誓要好好努力，也要讓自己的孩子成為富二代。可不到半個月就犯懶了，並且用大徹大悟的口吻說：「我不想謀生，我要生活。」

那麼你的近況大概是，想要買鞋子，得咬咬牙、跺跺腳才能下得了決心；想要去旅行，哪怕是精打細算、節衣縮食也不能安心前往。

長相一般，似乎也不影響你邋遢，懶得保養。最後看到別人都落落大方，亭亭玉立，要麼是嫁得良人，要麼是成為焦點，你心裡滿滿都是心酸，只好嘟著嘴巴說：「當年追我的男生比她的多好多！」於是你也決心提升自己的形象，學插花、健身，可堅持兩個禮拜就放棄了，並且還滿是詩意地喊著：「生活不只是眼前的苟且，還有詩意和遠方。」

那麼你的生活現狀大概是，不知不覺中成了理想人生的反面教材，有意無意間變成了只配幫人按讚的看客。

　　生活就是這樣，眉毛上的汗水，眉毛下的淚水，你總得選一樣。懶惰就像是靈魂生了鏽，比勤勞苦幹更消耗身體。你本可以透過「跟自己較勁」、「跟別人較真」的方式來激發潛能，卻在變強、變有錢的路上輸給了妥協；你本可以透過健身、讀書來實現世界上成本最低的自我升值，卻在變美、變有內涵的路上敗給了懶惰。

　　我怕有一天，當你看著父母老去，卻不能給他們一個幸福晚年；我怕你既沒找到詩意和遠方，也沒有愛情和夢想，只是渾渾噩噩地在大都市裡耗著，給著父母不能吃、不能信的各類「好消息」。

　　我怕有一天，當你慢慢成熟，卻發現自己無力去愛、去拚；我怕你的夢想被饑腸轆轆的現實給吞沒了，只能用乾癟的欲望勉強地支撐著勉強健康的軀體；我怕你有心過「想要的生活」，卻無力改變人生，只能抱憾終生。

　　在這個殘酷世界裡，你不能貪戀金錢，但一定要迷戀賺錢；你可以愛自己，但一定要繼續努力。因為生活不會因為你軟弱就對你法外施恩，職場不會因為你是女孩就對你憐香惜玉，情場不會因為你是「傻白甜」就對你格外溫柔，父母不會因為你是女孩就停止衰老，夢想不會因為你是女孩就為你降低門檻……

　　生活其實是一位假睡的考官，它由著你違規、抄襲、偷看答案，它當時懶得管你，等到你以為是自己在考試前臨陣磨的槍起了作用，以為是自己買的開運紫水晶幫了忙的時候，它就會悄悄地、變著法地折磨你，其實那是一份通知：「你被當了！」

PROBLEM

「自知之明」的問題

1. 如果你是老闆，你願意聘用自己嗎？

2. 如果你是你喜歡的那個人，你會接受自己嗎？

3. 如果你是你的室友，你願意交自己這個朋友嗎？

4. 如果你是你的競爭對手，你覺得自己算威脅嗎？

ANSWER

THEME 35
謝你不娶之恩

我們常常聽見這樣的示愛宣言：「我願爲了你，負了這天下。」、「我願爲了你，換一種活法。」、「我願爲了你，什麼都去做，什麼險都去冒。」、「因爲是你，做什麼都值得。」、「因爲是你，所以什麼都願意。」

言外之意是，「我愛你愛得這麼深，你就算不心動，也得感動」。可在我看來，這些話更像是那種一下午能簽三千多張的空頭支票。你無非是想說：「我什麼都沒有，我什麼都不要，但我愛你，你看著辦。」

這哪是示愛，更像是要脅！可你只是他的戀人，又不是恩人。

我們也常常聽見這樣的牢騷：「爲了你，我放棄了一流的大學和工作，來到你在的城市。」、「爲了你，我放棄了大城市的繁華和便捷，隨你去陌生地方重新開始。」、「爲了你，我選擇與父母分離，陪你到舉目無親的遠方。」

言外之意是，「我付出了那麼多，你就算不感恩戴德，也得時刻記著」。

可在我看來，這些話更像是某個商業合約上的條款，你無非是想說：「我把一切都交給你了，你也該給我一些同等的回報。」

這哪是談戀愛，分明是在簽賣身契。可他只是你的愛人，又不是欠你債的人。

不論是愛或者被愛，都不要讓愛變得沉重，然後背著它，如履薄冰地生活。那些與現實格格不入的愛，一般都不會長久。

愛是恆久忍耐又有恩慈，但不是沒有下限的忍耐；愛是包容、相信、不輕易發怒，但不是低聲下氣的附和。

曾以為，婚戀中講究「門當戶對」是陋習，是人性的弱點，如今看來，它很現實，更符合人心。因為門不當戶不對造成的巨大差異，早晚會發展為愛的鴻溝。

我所謂的現實，是你們互相配得上對方，你們兩個出身的家庭能真正地接納對方，你們不必為了對方而做出脫胎換骨的痛苦改變，你們也不用為了彰顯愛情的偉大而讓自己變得卑微，甚至放棄自己本該擁有的一切。

我所謂的人心，是指在各種觀念大體相似的基礎上，彼此的興趣可以有所不同，不會基於自己的判斷去干涉對方。

弱弱地問一句，談個戀愛要三天兩頭地掉眼淚，你到底是找了個男朋友，還是找了顆洋蔥？

對女孩而言，好看的妝容，得體的穿戴，有品味的生活，談得來的圈子，充足的物質保證，這些才是對抗這個殘酷又現實的世界最靠譜的鎧甲，遠比男人們忽冷忽熱的問候、忽遠忽近的關懷要有用得多。

別一遇到感情問題，你就嘰著嘴巴哭鬧：「你從來都沒有給我安全感！」安全感不是別人給的。就算你一天二十四小時纏著他，就算電話簡訊不間斷，就算你霸占他所有空閒的時間，就算你摸清他全部的行蹤，你依然得不到安全感。

安全感來自你自身的強大，來自內心的獨立和自足。就像早上拉開窗簾看到的陽光、走在繁華路口看見的紅綠燈、查看銀行戶頭時看到的充裕的餘額、玩手機時上面顯示的滿格電量……

所以，不要再厚著臉皮去懷念那個放棄你的人，也不要真的跑到他的

面前說「謝謝」，他根本沒做什麼讓你成長的事，讓你成長的是你的反思、堅強和努力。

　　再說了，笑笑就能過去的事，何必把它弄得盡人皆知？

　　來吧來吧，對那個枉費過你付出真心的人說最後一句話：「我現在過得好得不得了，耶！」

PROBLEM
「肚子餓萬歲」的問題

1. 有哪些食物吃完一次，就念念不忘？

2. 如何優雅地回答「披薩不就是個大餅鋪點肉嗎」和「壽司不就是放塊魚在米飯上嗎」這種言論？

3. 你見過飯量最大的人吃了多少？

4. 如果你吃得太多，不好意思跟別人一起吃飯，你會怎麼辦？

5. 你會一個人去吃火鍋、燒烤或者自助餐嗎？說說體驗。

ANSWER

THEME 36
公主病

一個女孩想要過公主一樣任性的生活，這並沒什麼問題，但前提是，這不應該成爲他人的負擔。

如果你生在深宮內院，你大可以要風得風，要雨得雨。倘若哪天對廚子不滿意，就把桌子上的盤子都摔碎了，然後跟你那個有權有勢的老爸告狀，讓廚子瞬間消失；如果對戀人不滿意，你大可以提著蕾絲連衣裙，踮著腳尖走出大門口，然後坐上你專屬的豪華馬車，絕塵而去。

可如果你只是普羅大眾，如果你連獨立生活的勇氣和資本都沒有，你又哪來的資格胡鬧、刁蠻、任性呢？

怕就怕，你沒有公主命，還一身的公主病：自己長得貌不驚人，還對別人挑三揀四；自己賺的錢都養不活自己，還嫌貧愛富；自己老得都快成「聖女」了，還天天說那些相親對象是奇葩，還動不動就自稱「像我這樣優秀的女生……」

你那麼喜歡童話，想必你也知道，假公主一般都沒有什麼好結局的吧！

別人加班加點地工作，你連一句關心都沒有，自己受了點委屈，就要求別人千里萬里奔赴而來送溫柔體貼；別人忙翻天的時候，你連個吃飯地點都懶得選，自己過生日了，就要求對方能像七十二變的孫猴子那樣變著花樣取悅你；別人公務繁忙，你連家務都懶得做，自己一個人的時候，恨不得連水龍頭都轉不動。

是的，你是女孩，是應該好好愛自己，可是你不能打著愛的名義，把

基本的自理、基本的義務都轉嫁給別人啊！

這樣的你，在生活中只會是個糟糕的朋友，在感情中只會是個可怕的累贅！

偶爾任性一下，也許他還覺得你挺可愛的，覺得你「天眞無邪」，但如果你天天如此，他能記住的只是你的無理取鬧，到最後，恐怕他對你最大的心願只會是「哪兒涼快哪兒待著去」。

親愛的女孩，你的命眞的很好，你也有機會遇到一個王子一般的好男人，但是請你別忘了，能二十四小時侍奉公主的，那是奴僕，王子只管風花雪月的那部分！

如果你堅持非要胡鬧，非要任性，一定要試探他的底線，那麼你一定能如願以償地失去他，然後重新回到沒有愛情的生活中去。

也許，愛你的人會哄你，向你道歉，送你禮物，最後掏空心思地把你哄好，但他的內心深處，其實正經歷著一場浩劫。他越是討好式地愛你，這場浩劫越大，他也越疲憊。

別以爲你的胡攪蠻纏、肆意妄爲是可愛，眞正能稱得上可愛的，不是這些幼稚和不講道理，而是你本性裡留存的、極易耗盡的純眞！

我的建議是，不要像個落難者，告訴所有人你的落魄和寂寞。總有一天你會明白，難過的事情都要靠自己消化，難忘的人都得靠自己放下。

趁著還年輕就好好照顧自己的臉，努力養肥自己的錢包，而不要逢人就說曾經如何如何得意或者悲傷，以及現在怎樣怎樣灑脫或者失望。眞正能理解你，眞正願意替你化解問題的人沒有幾個，他們多數只是站在他們自己的立場，說冠冕堂皇或言不由衷的便宜話。而你要做的就是把祕密、傷痛都藏起來，然後一步一步地讓自己厲害起來！

變厲害就意味著，曾經因為一點風吹草動的小事就能多愁善感，到如今，即便是翻山越嶺，你單槍匹馬也應付得來。這樣的你，別說扭開瓶蓋了，消防栓都不在話下！

不論是情場，還是職場，
你不能解決問題，就會成為問題。

THEME 37
福如東海

在那些不怕麻煩別人的人看來，朋友就是用來幫忙的，就是用來解決問題的，就是用來省錢的。以至於逢人就炫耀「我的朋友現在在某國企當老總」、「我去哪個城市都有人接待」、「這種事就得找朋友啊」。

要我說，這樣的人根本就不配提「朋友」二字，因為他要的只是「折扣店」、「招待所」和「祕書」。

過分的是，他們享受著別人辛苦提供的種種好處，還自以為別人的幫助是理所當然的事，就好像他把別人當朋友，別人占了他多大的便宜似的。

無論是談戀愛、交朋友，還是做生意、談合作，只有付出更多的那一方才有資格表現出慷慨大方，就像他在對你說「隨便吃，隨便買，隨便花，隨便拿」。

反過來，如果那個人總是占你便宜，然後不知道感謝還底氣十足地跟你說「朋友之間不必計較」。對於這樣的人，你不封鎖他，要攢著生利息嗎？

對於這樣的人，能遇見算不上福氣，能錯過才是。

實際上，那些值得深交的朋友，是不會為了一己私利去為難朋友的。他們談事情不拐彎抹角，再見面時不刻意寒暄，交流時各盡其詞，需要幫忙時儘管直說，嫌人礙事也不找藉口……沒有那些浮在表面的彬彬有禮，也不會在內心深處層層設防。

教你實用的一招，如果再有人告訴你「吃虧是福」，你就祝他福如東海！

PROBLEM

「不解之謎」的問題

1. 爲什麼你總是對的，別人總是錯的？

   （如果你不這麼認爲，請看下面的問題）

2. 爲什麼他總是對的，你總是錯的？

   （如果你不這麼認爲，請看上面的問題）

ANSWER

PROBLEM
「阿貓阿狗」的問題

1. 你覺得阿貓阿狗能聽懂人話嗎？
   你覺得阿貓阿狗會吃醋嗎？會記仇嗎？如果認為會，大致描述一下。

2. 在你心目中，貓是液體的，還是固體的？

3. 你有被阿貓阿狗萌到過嗎？

ANSWER

THEME 38
莫貪便宜

愛貪小便宜是多數人的共性，最初你以爲能夠「撿個便宜賣賣乖」，但結果往往都是「偷雞不成反蝕把米」。

比如你馬上要搬家，樓門口明明就貼滿了專業搬家公司的電話，你卻視而不見，偏偏要去找親戚朋友幫忙，你逢人就炫耀「我人緣好」，可是不專業的搬運造成的損毀，你根本就無法討回，更關鍵的是，你因此而欠下的人情，很可能在未來的某一天變成一個大大的包袱，需要你加倍償還。

比如你要去機場，手機裡明明就存了好幾個租車公司的電話，你卻不當回事，非得讓某某來車接車送，你底氣十足地認爲「我倆關係好」，可接送途中的風險，又該誰來負責？來來回回的時間和經濟損失又該誰來埋單？一次兩次尚且情有可原，但三番五次找人幫忙，那絕對是你在自作多情。

你所謂的「我人緣好」、「我們關係好」，無非是想用「不花錢」的方式把事情辦了。從本質上說，這就是貪便宜。

我想提醒你的是，你貪的便宜越多，意味著你欠下的債越多，它一定會在未來讓你失去更多。你閉著眼睛想一下，所有你真正擁有的東西，是不是都是你付出了相應的代價之後才擁有的，其中金錢很可能是最小的代價。

在這個過分平和、過於友善的年代，我們需要培養的是純良的僱傭關係。比如，我給你五十塊錢人民幣，你給我好好剪個頭髮；我給你二百塊

錢人民幣，你給我一個清湯火鍋和三盤肉……真的不需要你給我打個幾折，然後讓我醜得驚為天人，或者吃得噁心巴拉的！

人情這東西，看起來是免費的，其實是最昂貴的，就像高利貸。它可以給你一時的方便，也可能帶來意想不到的負擔。它就像簽了一個沒有期限的協議，你不知道什麼時候就會被要求「幫幫忙」，而且還無法拒絕。因為一旦拒絕，不僅會弄糟事情，還有可能傷害到情誼。

就像是說，「春天我幫你拔了三棵野草，秋天你就應該把收穫的稻子分我一籮筐」。

欠什麼都不要欠人情。天上就算真的掉餡餅，也會馬上再掉一個催你買單的；即便你吃到了免費的午餐，那晚餐你就得付雙份的價錢。

人情和錢財一樣，用一點就少一點。所以我的建議是，人情要用在刀刃上，如果你三天兩頭都在用，金剛鑽也得被你磨壞了。別動不動就找別人幫忙，再好的運氣也有用完的一天。到那時，你既沒有解決眼前麻煩的能力，也埋下了日後無窮無盡的麻煩。

反正我是這麼覺得的，那些一到聚會結帳就上廁所，或者錢包掏半天都掏不出來的「聰明人」，這輩子基本上也不會有什麼出息。

你想學車就去駕訓班，你想考證書就去培訓機構，而不是成天在絞盡腦汁地想著如何請朋友幫忙；你想學吉他就去找個專業老師輔導，你想學鋼琴就去報個鋼琴班，而不是厚臉皮去找業餘水準的親戚指點一二。

用厚臉皮的方式去討要資源，其實是沒遠見的表現。看似是省錢了，但實際上它既浪費了別人的時間和精力，也消耗了你自己的機會和熱情。

別人花錢獲得了優質的資源，然後突飛猛進，你卻以浪費時間、虧欠人情的代價換了一個粗糙、不專業的輔導。

你可能不服氣，說：「我就是因為沒錢才這麼省的。」真是這樣嗎？你敢不敢再看一遍自己這個月的消費記錄，那些亂七八糟的、買完之後發現根本就用不上的東西加起來，一定夠你學好幾門樂器了吧？所以你的當務之急是努力提升自己，好好賺錢，而不是用高估自己人脈的方式去省錢省力。

　　竊以為，新時代的大善人，不是「我讓你占盡便宜」，而是「你別占我便宜，我也不占你便宜」。

THEME 39
他很醜，也很普通

很多女生其實本身就很優秀，工作上進，遇事果敢，平時總是一副無堅不摧的樣子，可一旦遇見了心愛的人，就馬上變成了毫無主見、智商為零的小女生。她們甚至都知道對方沒那麼愛自己，可是也絲毫動搖不了她們繼續卑微下去的決心。

她們共同的心聲是：「你不愛我也沒關係，只要能站在你身旁，即使只能看著你的側臉也是幸福啊。」

實際上，你對他的每一次低聲下氣、曲意遷就，都是在為他離開你搬磚鋪路！

一個人不要命地對另一個人好，不到徹底地寒了心，一般是不會知道什麼叫「自作多情」的。

可你要明白，愛情若不是兩情相悅，那必有一人淪落荒野。如果雙方都是內心傲慢的人，那還算好事，大不了讓這份愛蛻變為「互相指責」的角鬥場。可如果戀愛雙方是一個高高在上，另一個卑微至極，那這場戰爭將會殘酷得像一場大屠殺。

所以，別再信「不放手的才叫真愛」這類話，不放手的那叫「可笑」。而且你還要知道，你死不放手的樣子真的好醜！

遇見一個人，看起來很好，也完全是你想要的那一類人，但那絕對算不上「命中註定」。真實的愛情其實和憧憬沒關係，就像你本來是一棵蘋果樹，就算你再怎麼憧憬結柳丁，但是你還是得誠實地結出蘋果一樣。

若他愛你，不必討好；若他不愛你，更加不必。

你只是需要一點點決心和一點點時間來熬過那段陰冷的日子，之後你就會發現，他很醜，也很普通。

要我說，你只是倒楣，不是可憐，所以你需要吻很多隻青蛙，才能吻到一個王子。

你要明白，讓你自卑的愛，只能說明兩點：要麼是你愛的對象錯了，要麼是你愛的心態錯了。反正肯定是錯了。

一個女孩子家，成熟的標誌就是在該動腦的時候，不動感情。畢竟，有的人的出現就是來讓你開眼的。所以，你一定要禁得起假話，受得住敷衍，忍得住欺騙，忘得了承諾。對方不愛你了，又不是你的錯。

實際上，沒有誰知道自己愛的人哪一天會厭倦自己，但你唯一可以做的，就是使自己有被任何人愛上的條件——長相、性格、能力，哪樣都行。

切記不要把厚臉皮當執著。

如果你喜歡的人正在認真地喜歡你，那就不要再去討另一個人的歡心了，因為一個會吃醋，另一個可能會心動。

如果你身邊的某個人脫了單，你也大可不必著急，而是該認真地問自己兩個問題，一是把別人的男朋友給你，你會要嗎？二是如果你是別人，你會和自己談戀愛嗎？

當然了，對一個人好並不意味著你要扮演一個卑微的角色。如果你用盡了一切方法，卻還是無法取悅一個人，那請你馬上離開他。你爸媽這麼辛苦地把你拉扯大，可不是為了讓你被一個男生折磨得死去活來的。如果我沒猜錯的話，你爸媽那麼慣著你，寵著你，是為了讓你知道幸福是什麼感覺，然後找到那個能給你幸福的人。

對你很了解的那個人，如果他愛你，他是捨不得讓你一直難過的。如

果明知道這樣做會讓你不好受，他卻還是做了，那麼這樣的故意就不該被輕易原諒。

在這個外表繁華美好的世界裡，一個女孩最該修煉的本領就是「當斷則斷」，這是一個女孩在這殘酷世界行走的必備裝備，跟善良、修養不發生衝突。

當有一天，你不再對他有感覺了，就算他頭戴鳳翅紫金冠，身披金甲聖衣，踏著七彩祥雲，腦門上貼著「蓋世英雄」的標籤出現在你面前，你也只會覺得他好笑，甚至懷疑「這人是不是有病啊」。

PROBLEM
「日常迷信」的問題

1. 你有迷信的事情嗎？是什麼？

2. 因爲怕鬼做過哪些傻事？

3. 假如你第二天要飛往異地出差，當天晚上做了一個噩夢，夢見飛機失
   事了，你會改變行程嗎？

ANSWER

THEME 40
夢裡什麼都有

明明許諾自己，說只看五分鐘手機就去好好努力，結果三個半小時之後，硬是裝滿了淘寶的購物車！

明明發過毒誓，說「要嘛瘦，要嘛死」，結果是知道了很多減肥的方法，卻依然胖著活了小半生。

明明整天都是無所事事，覺得每一個日子都寫滿了「無聊透頂」，卻並未覺得半分輕鬆，還常常失眠到天明。

更叫人擔心的是，你慢慢地變成了自己討厭的模樣：學習、工作上不思進取，不好不壞的；感情上將就湊合，不情不願的；生活上心灰意懶，不清不爽的。然後，你的眼睛裡慢慢失去了光，有的只是你稚嫩卻微薄的青春被一股日漸消沉的欲望抓牢，充滿了慌張、急躁、戾氣和迷惘。

其實，你的所有問題都可以用兩個字概括——「貪」和「懶」。因為貪，你被一些不切實際的想法左右，一遇到問題就手足無措，稍有不如意就負能量爆棚；因為懶，你的生活中充滿了悔恨，要麼是抓不住機會，要麼是慢人一步，反正總是懊惱不已，總是不如意。

你無數次地陷入難堪，原因竟然驚人地一致：無非是，你僅僅只產生心理上的不斷自責，卻缺乏行動上的立即改變。

我想強調的是，人生的成績單是摻不得半點虛假的，你糊弄它一下，它就能糊弄你一年；你糊弄它一年，它就能糊弄你一生。

命運並不提倡毫無理由的成功，即便是孫大聖，也是經歷了幾千幾萬年的風吹雨淋，才有了那石破天驚的橫空出世。

你只看到別人有「小蠻腰」，嫁給了「高富帥」，卻忽略了她在你胡吃海喝時正努力健身，在你睡得昏天暗地時正拚命地提升魅力。你只看到別人剛一畢業就進入了外商，拿著高於你好幾倍的薪水，卻忽視了在你上學時花大把時間談戀愛的時候，她正在學習人際交往的能力，在你整天更新社群動態、刷微博的時候，她正在某公司裡辛苦地做著實習生的工作。

　　你只看到別人學習英語和交際的天賦，只看到她考上研究所的輕鬆自如，卻沒看見她在你熬夜追劇時正熬夜苦讀，在你沉迷於網遊、網購時做完了一套又一套的模擬題。

　　於是，你一邊盯著鏡子裡那個頭髮打結、愁容滿面的自己，唏噓不已地說：「哎，世間真是不公平，怎麼我就不能生在富貴人家，怎麼我就不能國色天香，怎麼我就沒有她那樣的好運氣？」

　　語氣之沮喪，情緒之低落，好像世界上本該屬於你的男人、鑽石、工作、名校都被人硬生生地從你手掌心裡搶走了似的。

　　其實，生活遠比你想像的要精明，它既敏銳，又有心機。如果你不是誠心誠意地對待它，它馬上就能識破你。但它不會馬上拆穿你，而是佯裝出好臉色，陪你出演「假裝很忙、看似努力」的經典劇碼。等到你的青春所剩無幾，好運氣總是對你繞道的時候，它馬上就會露出一副刻薄的嘴臉，戳著你的腦門向世人宣稱：「魯蛇（Loser）！」

　　生活他老人家絕不會拿著一本書、摸著鬍子、扶著眼鏡對你說：「孩子，我的乖乖，我們來講講道理。」只會一個大耳光把你打倒在地，然後惡狠狠地對你說：「笨蛋，學著點兒！」

如果說，真有什麼是值得去贏的，
你應該贏得尊重，而非苟同。

THEME 41
我們不熟

在我們身邊，經常有人帶著強烈的自豪感和一本正經的臉說「我就是這樣的人」、「我說話直」、「我實話實說」。這些人永遠都是一副理直氣壯的樣子，他們不分場合、不留情面，用「我說話直」做「嘴賤」的免死金牌，用「我就是這樣的人」做損人之後理應被赦免的緣由，然後昂首挺胸地走在「讓別人難堪」的路上。

但是無數的事實證明，嘴賤的人看似是與眾不同、特立獨行，實際上是人見人煩。他們是熱鬧氣氛的冷凍機，是團隊合作的「不定時炸彈」，是群聊時的話題終結者，是社交圈子中的鬼見愁。

以「跟你很熟」的名義進行的胡亂指揮，本質上只是他們對自己蒼白生活的一種洩憤；以「實話實說」的名義進行的指指點點，其實只是他們對別人快意人生的一場意淫。

這些人恐怕自己也不明白，為什麼每次都是自己費腦細胞地逗眾人一樂，最後被孤立的竟然是自己？為什麼「我這麼耿直」地說出了真相，最後卻得不到別人一絲一毫的尊重？

其實答案是這樣的：這個世界並非排斥「有趣有料」的人，也並非虛偽到容不得「耿直」的人，它只是容不下沒教養的人。

沒有教養，說話衝，其實這些都是心理疾病。單單為了自己快活，不惜把廢氣、怨氣、邪念、歪心投射在其他人身上，說到底，病根就是自私。

再說了，圈子小並不一定是壞事。你只需用心地經營一兩個小圈子就夠了——就是這一小撮人，一旦你遇到孤立無援的困境，他們早就挺身而

出，站在那兒了！

不要等到讓「好人有好報」這種大道理扇了你一巴掌，你才知道社會有多現實；不要等到被「爲了一團和氣」傷得心灰意懶了，你才知道人心可畏。

如果你總是曲意逢迎，那別人就會以爲你根本就沒有態度；如果你總是忍氣吞聲，那別人就會認定你毫無脾氣；如果你總是笑臉迎人，那別人就會覺得你毫無立場……

你應活得矜貴——對物質有追求，對感情有底線，對生活有原則。一旦失去了底線和原則，你的友情將不再單純，會成爲一個互相提防、互相討好、最後不歡而散的彆扭遊戲；你的愛情也不再安穩，會變得疲於迎合、患得患失，最後在清湯寡水的生活中消耗殆盡。

真的沒必要爲了情面而留住那些「八竿子打不著」卻還時常打擾你的人，更沒有必要爲了所謂的圈子而放縱那些肆無忌憚的人。你要明白，不是所有人都會在你需要的時候站出來。相反，那些泛泛之交還會給你造成很多不必要的困擾。

我始終覺得，人活在世界上有兩大義務：一是好好做人，二是不慣著別人的臭毛病。

THEME 42
胖若兩人

眞正能夠長久地留住愛情的是你不斷增加的優點和與日俱增的魅力。千萬不要把戀愛之初的纏綿悱惻和未經考驗的海誓山盟當成天長地久的本錢！

不要輕易相信男人對你說的那句「你負責貌美如花，我負責賺錢養家」。因爲一旦你在他面前失去了吸引力，那麼他去養誰都可能，唯獨不是養你！

所以，年紀輕輕的時候，你要擁有賺錢的能力，還要學會花錢來保養自己。最聰明的女孩，既能賺錢養家，也能讓自己貌美如花。

王家衛曾說，沒有一個男人不在乎女人的容貌，雖然男人愛將「容貌總會過期」掛在嘴邊，但他騙得了女人，卻騙不了自己。

對啊，若他不曾領略過你妝後的驚豔，又怎能愛上你的素顏？

再說了，就連讓你感動不已的「我愛你」這三個字，也只是男人感情世界的冰山一角，在這「海水」下面，還隱藏著一些他不願意說出來的東西──「我愛你的美貌，我愛你的性感身材，我愛你的回眸一笑，我愛你的小蠻腰和細長美腿」。

相信我，男人和女人是永遠都不會平等的。除非你能頂著禿頭和啤酒肚走上街，還覺得自己很性感。

正值花季的女孩，你可以不要濃妝豔抹，但你還是要呵護肌膚；你可以忍受孤獨、拒絕狂歡，但你還是要準備三兩套赴宴的衣服和飾品；你可以忙工作、追夢想，但你還是要抽空去看書和瘦身。

你要明白，男人喜歡的可以是素顏，但絕對是皮膚光滑、白嫩的素顏；他喜歡的可以是簡單平凡的著裝，但絕對是要求你穿著得體、乾淨俐落的樣子。

相信我，沒有一個男生會喜歡一個皮膚灰暗、滿臉痘痘、頭髮油膩、穿著邋遢的女孩子，更何況是要一輩子生活在一起的人。

出門的時候，補一個精緻的妝，換上那雙最愛的高跟鞋；週末的時候，噴一噴那款早就準備好的香水，和久未見面的閨密肆無忌憚地談天說地；縱然是加班，也要把自己收拾得落落大方，回到家裡更應該耐心地犒勞自己——管他是敷面膜還是品紅酒，你要讓自己美好起來！

你要學會往平淡無奇的生活裡撒糖、加鹽，而不是清湯寡水地活著！

如果你身上一點點好女孩該有的特徵都沒有，就不要怪別人拒你於千里之外了；如果你看起來一點點好女孩的樣子都沒有，就不要抱怨別人對你望風而逃了！

雖然我們一再強調，不要過分關注一個人的外表而忽視了其內在的品質，但你要認識到，你其實就是一個品牌，外在邋遢，怎麼讓人相信你會有優秀的內在？

所以我的建議是，再忙也要抽出時間讓自己美起來，再孤獨也要去健身，你總不能既沒錢，又單身，一窮二「沒」，還「胖」若兩人！

PROBLEM
「假如幸福」的問題

1. 假如有一種幸福機器，接通了就能體驗到你想要的任何幸福，但這只是一種幻覺。你會去體驗嗎？想要體驗多久？

2. 假如有人告訴你，你只是一個泡在營養液裡的大腦器官，所有的一切都是機器和電流製造出來的幻覺。
   也就是說，你此時沒有看書，沒有思考問題，你只是泡在液體裡的一個器官。你該如何證明一切都是真實存在的？

ANSWER

THEME 43
視覺生物

王子和公主在一起了，大家只會羨慕，然後祝福，因為他們門當戶對，郎才女貌；可如果王子愛上了灰姑娘，就會有無數的甲乙丙丁忌妒，會在心裡嘀咕「她憑什麼」和「我為什麼沒她那樣的好運氣」。這些甲乙丙丁只是看到了灰姑娘卑微的出身，卻忽視了她首先擁有了無人能比的天生麗質，以及無人能敵的後天努力，其次才是好運氣、好機緣。

而你呢？活得邋裡邋遢，胖得無邊無際，哪路神仙願意來幫你？不要等到衣服不得不選最大號的時候，才下得了狠心去減肥；不要等到臉被痘痘占領了，才想起健康飲食。你的壞習慣、臭毛病攢得越多，修正的過程自然就會傷筋動骨，慘絕人寰！

不用抵賴，你就是視覺生物。你會一邊對著帥氣男生的照片流口水，一邊對著沒錢又醜、沒實力又無才的男孩子故作高傲冷淡；你會一邊對酷酷的男生滿是寬容和理解，卻一邊對痴情追求、但顏值一般的男孩拒之千里。就算他再溫柔體貼，再善解人意，都不如那個好看的男人讓你動心，讓你魂牽夢繞。

但你要記住，金元寶不會從天而降，好男人也不會不請自來。

你想要男神做男朋友，你就得自我修煉變成女神；你想要找個瘦高個，你就不能慣著自己一直是個「矮胖矬」；你想要找個「高富帥」，就算你再不濟，也要把自己收拾得又瘦又精緻。

至於你聽說的什麼「只要長得漂亮，就會有很多人喜歡」、「只要有了錢、有了美貌，女人就會活得容易一些」……我告訴你吧，這些都是真

的！

　　香奈兒曾說：「在你二十歲時擁有一張大自然給你的臉龐，三十歲時生命與歲月會塑造你的面貌，五十歲時你會得到一張你應得的臉。」

　　換句話說，十幾二十歲的時候，你尚且可以將自己醜的原因歸結於父母的基因不優良，你尚且可以將自己的胖、邋遢怪罪於家人的縱容，但是，當你已然成年，有了關於美醜和是非的判斷標準，有了獨自生活的條件之後，你卻依然不美好的話，就只能怪你自己了。

　　所以，在力所能及的時候，你要把時間和金錢花在讓自己變美好上。這一點兒都不俗氣。當你變好看了，有一張漂亮的臉蛋或一個曼妙的身材，你就會發現，漂亮會替你省去很多煩惱。

　　關鍵的是，變好看是一件容易上癮的事情。一旦你漂亮過，你就會自覺地更律己，你就會有更強的意願去照顧好自己的身材、皮膚和牙齒。

　　想必你也知道，沒有哪個男神能對一臉的痘印、滿口的黃牙下得去嘴的！

THEME 44
孤芳自賞

　　電視劇裡，那些又傻又呆、經常耍笨的女孩似乎總能得到命運的垂青，比如遲到了總能遇見外冷內暖的霸道總裁，被雨澆成落湯雞總能遇見善解人意的大暖男，錯過了末班車總能看見在車站裡神傷的「高富帥」，以至於無數追劇的女生錯誤地以為：我像她一樣天真孩子氣，像她一樣蓬頭垢面，像她一樣懶惰死腦筋，那我也一定能撞見優質的男神。

　　我只能說，下雨天不打傘和腦袋進水是絕配哦！

　　在我們身邊，總能聽見一些單身的人在嘀咕，說老天沒有賜予自己好面孔、好身材，說命運沒有給予自己好緣分。而實際上，你一到週末就喊累，在家宅到發黴；朋友一聚會你就嫌煩，寧願在逛網路商店上浪費時間；上班的時候摸摸魚，想著下班了怎麼逛街，如何鍛鍊，可下了班就窩在沙發上嚼著洋芋片看電視劇，然後拿著少得可憐的薪水，想著去哪裡淘到折扣最低的面膜……

　　你天天嚷嚷著要瘦成一道閃電，卻餐餐都在胡吃海喝；你天天抱怨沒什麼朋友，卻又習慣性地把自己鎖在手機螢幕上。

　　如果我沒猜錯的話，你長這麼大，能夠每天堅持的事情，大概就只有給手機充電了吧。

　　這樣的你，命運其實早就為你準備好了結局，無非是，你沒什麼拿得出手的本事，沒什麼說得出口的成就，沒有社交和戀人，有的只是日漸豐滿的肚腩，以及日漸衰落的夢想。然後孤獨地、落寞地在合租房的電腦前面亂晃滑鼠。

都說女孩要嫁對人，所謂「對」，其實是指節奏合拍，努力同步，實力相當，而不是等著命運來同情你，然後不勞而獲！

愛情有一雙「勢利眼」。

你要求你喜歡的人有錢、有才、有貌、身材棒，而且還死心塌地地愛你，那你是不是也應該考慮一下，如何讓自己也身材好、形象好、能力強、經濟獨立？

你想要遇見一個說話幽默、做事俐落、待人大方、為人正直，而且還願意一生一世守護你的人，那你是不是應該也試著修煉一下自己，讓自己外有氣質，內有涵養，既上得了廳堂，也下得了廚房？試問一下，如果你總是一副乏善可陳的樣子，男神憑什麼要對你情有獨鍾？

大多數女孩在感情裡產生失落感，往往是因為她自己沒成為更好的自己，卻奢求著別人是更好的別人。

連一篇文章都看不下去，一本書都看不完的你，憑什麼天天說要改變自己，改變人生？

說了一千一萬次減肥瘦身美容，可嘴巴管不住，腿也邁不開，等到健身房的 VIP 卡到期了，才悔不當初，可那有什麼用？

年紀輕輕的時候，不切實際的幻想和懶散的活法會一點一點地消耗你。切莫等到把青春浪費得一乾二淨的時候，再滿心抱怨和不解地問天問地：「明明當初只是一念之差，生活怎麼能給我這樣難堪的答案？」

我唯一想提醒你的是：別把沒人要，當作沒遇到！

你一無是處的時候，別急著感慨遇人不淑，更不要指望能坐享其成，任何一種寄生蟲似的愛戀，從一開始就沒有勝算的可能。

唯有自給自足才能讓你眞正安心，只有建立在嚴格自律基礎上的氣質魅力才能讓你打消對命運的偏見。

這樣的你，不管白天和同事吵得有多凶，不管深夜裡哭得有多可憐，但只要是「出戰」就必須精神抖擻，只要「出席」就必須容光煥發，哪怕是假裝出來的若無其事，也猶如揮著鋒利無比的武器——進，可以攻城掠地；退，可以孤芳自賞。

THEME 45
矯情癌

碰到一點點工作壓力，你就擺出一副不堪重負的樣子——「我已經用盡洪荒之力了，好累啊！」、「壓力超大，求安慰。」

碰到一點點感情上的不確定就把明天描繪得暗淡無光——「他不會是不愛我了吧？」、「失去他我可怎麼辦？」

碰到一點點生活上的不開心就把這段時光當作這輩子最黑暗的日子——「一個人吃飯，好可憐啊！」、「神啊，救救我吧！」

這麼一點點事就說難、喊累，就大言不慚地說「我不會」，就悲悲戚戚地說「我好可憐」，但是那麼難打開的罐頭蓋，你咬咬牙怎麼就搞定了呢？

明明下定了決心要考研究所考博士班，後來上了半個月的補習班，熬了三天三夜，就覺得自己已經拚了。然後自我安慰道：「我再拚怕也就這樣了，考不上研究所也沒什麼吧。」然後，進修夢就放棄了。

明明原本計畫要去歐洲留學深造，後來背了三頁單字，讀了五篇閱讀，就認為自己已經竭盡全力了，然後對自己說：「那些留在國內的同學不也混得挺好嘛，再說了，好幾個出國的最後都回國了。」然後，留學夢就擱淺了。

明明在暗夜裡發過誓：「我要好好努力，多多賺錢，為了自己能出人頭地，為了父母能過得幸福。」可技能培訓班哪有郭德綱的相聲有意思，網路教程哪有網路文章精彩。然後，發財夢就只能夢夢而已。

你看，你為不想改變、不想努力找了一堆多棒的藉口，你為耐心不夠、

能力不足準備了一堆多漂亮的理由。就這樣，那個曾什麼都想要、什麼都敢要的熱血姑娘，就一點點被你自己否定，變得清湯寡水。

然後，你的夢想之花開始漸漸枯萎，你的青春也隨之下了架。

我擔心的是，你太容易被自己說服了，以至於耗了三年五載，除了變得更會花錢外，毫無長進，最後從一個懵懂無知、敏感脆弱的天真少女，慢慢變成了一個懵懂無知、敏感脆弱的中年婦女。

懶惰、妥協實際上是低迷、不安，或者倒過來。

矯情被很多人拿來對抗現實。比如燈泡壞了非得等男友來幫著換，一個人吃飯時非得來幾句「悽楚獨白」，甚至連家裡缺一枚釘子都能發出「活著真難」的感慨！

但我想提醒你的是，僅憑賣萌撒嬌，你是搞不定這個世界的。

很多時候，是因為你太矯情了，所以才會把一些小事無限放大、誇張。比如你介意一個人吃飯，那麼一個人吃飯就一定會讓你覺得難受；比如你介意孤獨，那麼孤獨就會令你難過。

其實也只不過就是暫時一個人面對生活而已，但偏偏就是因為矯情，讓一些小事顯得「過分隆重」。

還有很多時候，是因為你內心太蒼白無力，所以才會拿一些情緒來裝點自己。比如把無所事事當作電視劇女主角的浪漫，把優柔寡斷當作藝術家的氣質，把無聊透頂當作哲人的超然物外。

其實，你不過是想用一些似是而非的傷感、沒有緣由的憂鬱來掩飾自己對改變現狀的無能為力。

要我說，你只是太年輕了，所以自以為聰明，覺得遇人遇事一點就通，

然後一通百通；其實，到了一定的年紀你就會明白，這是心智不全的表現，錯把平日的閒得要死，當成了七竅玲瓏。

而殘忍的事實是，你在悶悶不樂的時候，這花花世界正徹夜狂歡；你在自怨自艾的時候，你厭惡的人在大把大把地賺錢、大口大口地吃香喝辣；你在心灰意懶的時候，你的前任正一心一意地找著新歡；你在緬懷舊人的時候，你錯過的每一個人都沒空想你！

不論是情場，還是職場，你不能解決問題，就會成為問題。

PROBLEM
「惜時惜命」的問題

1. 假如有人給你一個信封，裡面寫的是你的死亡日期，你會打開看嗎？

2. 假如你可以變得更迷人，更聰明，更富有，你願意為此減壽十年嗎？
   如果給你增加十年壽命，代價是你的相貌、智慧和財富都折損三分之
   一，你願意嗎？

ANSWER

THEME 46
泛泛之交

有太多人在迷信交際的作用，恨不得把所有時間都花在「如何認識有用、有趣的人」身上。可是，在你沒本事、沒有利用價值之前，你除了給人按讚之外，其實什麼都做不了。

過分地強調「人脈」的作用，一味強調交友的作用，錯誤地以為：只要認識了某個大咖就能解決所有的人生困境，只要進入某個圈子就能拿到所有難題的通關密碼，從根本上來說，不是懶惰，就是賴皮！

在功利的社會裡，友情層面的往來，有時候比談婚論嫁更強調門當戶對！

人們常說，在家靠父母，出門靠朋友。於是很多人都做著「出門遇貴人」的美夢。

可是，如果你只是一個微不足道的黃毛丫頭，就算你有時間去看韓國歐巴的演唱會，有空去名人楊瀾的新書簽售會，有幸去參加姚明的慈善晚會，那又能怎樣呢？你想和韓國歐巴合影還是會被保安攔住，你想要換個工作楊瀾也不會給你做推薦人，你去上海姚明也不會邀你共進晚餐。

證明你人脈的，不是你社群動態裡有多少個同名流貴胄的合影，而是你遇到困難時有多少人願意幫你；決定你交友圈檔次的，不是你見過多麼厲害的大人物，而是你自己有多麼厲害。

也就是說，人脈不在別人身上，而藏在自己身上，唯有你變得厲害了，你才可能擁有厲害的朋友。

就算你看起來是那麼誠心誠意，出錢又出力，就算你苦心經營，想著

辦法地投機取巧，以便攀上個高枝，可結果呢，除了更長的通訊錄，更多更吵鬧的社交群組，更龐大的網路廣告之外，你什麼都沒有得到。

草率的社交只配擁有幾個泛泛之交罷了——見面時滿臉堆笑，轉過身還得用力回想：「這人是誰啊，幹麼對我笑？」

所以，不要硬擠進一些看似主流、看似強大的圈子，不適合你的圈子只會拖累你，讓你變得疲憊不堪。在那樣的圈子裡，你找不到存在感，也找不到認同感，就算你會被迫去關注流行的電影、電視劇、娛樂節目，以及流行的遊戲、明星，可還是避免不了自己成為話題的「門外漢」，成為別人熱聊時的「旁聽者」。

更嚴重的後果是，在不屬於你的圈子裡，你不僅得不到任何的成長，還會讓自己被無形的力量拖入平庸且無聊的漩渦之中。

一旦你變強了，圈子、人脈、資源就變成了你實力的衍生品，這些東西都是自動吸附過來的，就好像你是高聳的梧桐枝，鳳凰自然會來棲息；你是無邊的大海，江湖自然來聚集。

PROBLEM

「平凡可貴」的問題

1. 如果 1 代表安全、舒服和平凡，10 代表危險、困難和成就非凡。你希望自己得幾分？事實上你只得了幾分？

2. 你努力做一件事情的動機，是為了得到認可，還是為了避免挨批？

3. 未來五年，你最大的心願是什麼？你覺得實現的可能性有多少？

ANSWER

THEME 47
不如閉嘴

不會說話的人大概是這樣的：要麼是把蠢事當趣事說，要麼是把小事當正事說，要麼是別人的話題完全接不上，要麼是給出一個不合時宜的建議或判斷……

他既不懂察言觀色，又分不清利害關係，總能在不合適的場景下說不合時宜的話，或者使用不合適的手段把人都傷出內傷了，還覺得自己「萌萌噠」……

這樣的人，給同性朋友的印象是「可有可無」，給異性朋友的「禮物」是「一場漫長的尷尬」。

我的建議是，無論你在哪個年齡段，無論做什麼，至少要讓自己說出來的話不讓別人不快。

生而為人，我覺得要有兩個起碼的覺悟：一是不在人格上輕易懷疑別人，二是不在見識上過於相信自己。有時，你只是錯把見聞當成了經歷，把聽聞當成了經驗而已。

半心而論，那個同事的穿著是沒有你的高級套裝好看，在人群裡你也確實有一點點長相上的優勢，別人的私密話題確實不是什麼大事。但是，你以為的玩笑對別人而言可能就是刺破傷口的針，你自認為的美麗對他人來說可能只是一副討人厭的皮囊，你不經意間下的結論對他們來說可能是連自己都不敢觸碰的軟肋。

一般情況下，沒有人會小氣到要跟你計較那些善意的玩笑、無關痛癢的指點，以及不折損顏面的拆穿，因為多數人都是有胸懷的，也很有幽默

感，誰都願意有個歡樂和諧的交際圈子。可是，如果玩笑失了分寸，卻不知道反省自己；指點失了偏頗，還以為是智慧；拆穿不知輕重，讓別人難堪了，那究其根本原因，就是智商和情商都有欠缺，教養和素質都有問題。

人和人之間，各有自己的優缺點，拿自己的優點和別人的缺點比，或者用自己的優勢去抨擊別人的弱項，無異於用爬樹的能力來評判一條魚，這是弱智的表現。

誰都有幾個死黨、閨密，你之所以喜歡和她們互相拆臺，除了你們彼此熟悉之外，還因為你們在提及對方糗事的時候，知道避開痛點和雷區，知道哪些敏感的地方應該繞過去。

你該明白，別人可以忍受你的嘰嘰喳喳，忍受你的後知後覺，甚至也可以原諒你的年少輕狂和桀驁不馴，但沒有人會對你的無知無禮毫不介意。

不要因為無聊就去評判陌生人的生活，也不要藉著「年少輕狂」就對別人的處世之道指手畫腳。

也不要逢人就說你對某事的看法，你不是新聞發言人，沒有人真的在意你怎麼看。可你說了什麼卻暴露了你的智商、際遇和過往，你說出的話裡，藏著你的見識。

特別提醒一下，一些級別比你高很多、資格比你老很多的人，他們笑咪咪地問你對一件事情的看法時，很有可能是在測試你的智商和情商！所以，請時刻帶著腦子。

THEME 48
看不慣

初入職場的人特別容易滋生「看不慣」的情緒。

比如，你最初是在一般小公司，因為看不慣那裡低效與碌碌無為，所以轉行去了外商；又因為看不慣外商的壓力大，所以選擇了安穩的國營企業；可到了國營企業又看不慣那裡複雜的人際關係，轉身又去了私人企業；進了私人企業卻發現制度和管理到處都是問題……

看不慣的人和事越多，就越能說明一個問題：你並不適應這個社會。

經常聽到有人在網路上喊，要抵制這個，抵制那個，可他除了會喊口號之外，幾乎幫不上什麼忙。

關於「抵制」，最有意義的做法是：你在努力比他們的同齡人更明事理，更有責任感，更加上進。你的精神比他們的更豐富，你工作和學習比他們更努力，你的未來比他們的更有希望。

老師教的是：「書到用時方恨少，事非經過不知難。」你卻活成了：「書到用時發現都是新的，錢到月底了肯定不夠花。」

別人是「大隱隱於市，小隱隱於野」，你是「大隱隱於蹺課，小隱隱於臉皮厚」。

你拿了無數屆的「放棄大賽」和「吃垃圾食品大賽」的冠軍。作為「怕麻煩星球」的常駐居民，你恨不得將語音提示改成：「您撥打的用戶是社交恐懼症患者，請下輩子再撥。」

你追求與眾不同，因為你覺得那樣很酷。於是，別人都在乖乖學習的

時候，你在看最新的小說；別人都在悄悄努力的時候，你在悄悄休息。

我想你可能搞錯了，從你出生的那一刻起，你就已經是獨一無二的存在了。你現在努力追逐的，應該是出色，是優秀，而非「不一樣」。

真正的與眾不同不是放縱，而是優秀，是見識更高明一點，表達更從容一點，實力更出眾一點……這些「一點」疊加起來，你自然就與眾不同了。

怕就怕，每個人都有漂亮的一面，而你是個圓的。

所以，還是要主動去努力啊，否則世界不會主動讓你滿意的，就像你不去敲門，門就永遠不會為你而開。

你可以為自己尋找各種藉口對生活低頭，也可以迫使自己更好地生活。選擇權在你手上。

但我想提醒你的是，你未來的身價取決於你現在「做了什麼」和「做得多好」，而時間會替你回答，「你算什麼東西」和「你值幾個錢」。

所以，多向上學習，少向下白眼。

成長就是這樣，「攢夠本事」或者「擺正心態」，兩樣都不行，就別妄想和這個世界一較高下了。

親愛的，你要明白，根本就沒有什麼與錢無關的體面小日子，很多時候，就連三分體面的生活，就已經要花掉你十分的力氣。

一個普通女孩要想過上女王般的生活，在心智上必須跨過三重境界：前兩重分別是「願得一心人，白首不相離」和「歲月靜好，現世安穩」；第三重就是「老娘有錢，關你屁事」。

如果再有人勸你別那麼拚、別那麼在乎錢，你就對他說：「保護世界

和平的任務就交給你了，我是個俗人，只對萬惡的金錢感興趣！」

越是難熬的日子，越需要花錢武裝自己。就算長相普通，就算明明遭遇困境、艱難度日，也需要用錢讓自己體面——讓自己看起來光鮮美麗，無堅不摧。

二十幾歲的年紀，你確實可以仰仗年輕和親情，肆意妄爲地把個性當能力，把青春當資本，但之後想繼續過得好一點，物質基礎必須要牢靠。

殘酷的現實是，好看可以是天生的，但一直好看，眞的得有錢。那些讓你眼紅的苗條身材，可能是在健身房裡用錢砸出來的；那些讓你忌妒的吹彈可破的肌膚，可能是在護膚品專櫃前刷卡刷出來的。每天要爲五斗米憂愁煩惱的人，就算美，也一定美得不牢固，就算獨自生活，也一定活得不自在。

你要記住，欺負別人和養活自己，你都得自己來。

只有有錢了，你才能人格獨立，才能足夠體面。

有錢了，你才能生出體面的情緒，才可以讚美你喜歡的，唾罵你厭惡的；你才可以自由地選擇愛或者不愛，然後有尊嚴地接納或者拒絕；你才可以讓自己的生活品質和個人品味不落俗套，成爲普通人裡鶴立雞群的那一個，成爲優秀圈子裡不被鄙夷的那一個。

有錢了，你才可以在感情的世界裡和那個對的人平起平坐，而不必屈服於任何一種你不屑的潛規則，不必爲了任何別的動機去結婚生子！

這樣的你，也許圓滑，但並不世故；也許虛榮，但並非底線全無；也許落寞，但絕不落魄！

至於那些天天宣稱「體面的生活與錢無關」的人，你也大可不必花費腦細胞去反駁她們，因爲她們可能眞的不缺錢，但你不是。沒有錢，你根

本就無法體面地生活，頂多只能算是「還活著」。

體面的生活從來都與錢相關。那些缺失物質基礎的「體面」，實則是鏡花水月，它並不能給你帶來真正的幸福。

只有提高自身的經濟實力，才足以匹配體面的生活。如果沒有金錢來維持，你的體面往往只是繡花枕頭，這種體面甚至還會使你的生活變得疲憊不堪，時間一長，你就免不了被「打回原形」的命運！

如果你永遠是一面不入流的鏡子，就別指望有一堵體面的牆會讓你掛上。

所以，如果再有男生問你：「假如我沒錢，沒車，沒房，沒鑽戒，但我有一顆愛你的心，你願意嫁給我嗎？」我希望你能直接反問他：「假如我沒身材，沒相貌，沒工作，沒身高，不能生育，但我有一顆愛你的心，你願意娶我嗎？」

要我說，男生嘴裡強調自己一無所有，表面是想彰顯自己的情真意切，其實只是他的鬥志還配不上你的身價。

希望你能轉告你的男朋友：「別再羨慕別人家的女朋友懂事，會省錢，會過日子。你該明白，養大鵝跟養天鵝的成本是不可能一樣的。」

PROBLEM
「英雄夢想」的問題

1. 你曾經想成爲一個什麼樣的人？
   途中經過了多少的努力？如今你又是一個怎樣的人？

2. 你最想擁有的超能力是什麼，如果擁有了，你會用它做什麼？

ANSWER

記住了，
在你準備撒謊的那一秒，
實際上就給了別人討厭你，
不原諒你的全部理由。

THEME 49
熱氣騰騰

你意識到自己越來越挑剔，想打交道的人一百個裡面都找不出來一個；你發現自己越來越喜歡沉默，就像是一座死火山。你既享受著這樣的安寧，同時又對它的索然無味感到絕望。

可是，到底怎麼和這個世界打成一片？你看了無數本交往祕笈，卻依然沒什麼至交朋友；怎麼將這個世界逗樂？你聽了無數的笑話，卻依然沒有幽默感。

最後，你就像一隻趴在玻璃窗上的蒼蠅，只覺得前途一片光明，卻找不到出路。你的狀態是活著，卻也喪著！

一個人，若不是為熱氣騰騰的生活奔走，那等著他的，就只有容顏和心態被生活輾皺。

當你陷入庸常的生活，在心力交瘁的邊緣遊走時，熱氣騰騰的靈魂就像是一個恰到好處的擁抱、一句落在心坎上的撫慰，它能指引你，怎樣巧妙地反擊這種枯燥，同時又提醒你，活著這件事，並不總是那麼艱辛。

就算，那些擁有大長腿的人，走起路來確實會很性感、美麗，但只有小短腿的你照樣可以開心地蹦蹦跳跳。

就算，那些出生在富貴人家的人，他們日日夜夜是燈紅酒綠、吃滿漢全席，但作為普通百姓，你照樣可以一日三餐，頓頓津津有味。

我的建議是，別婆媽、別碎嘴，儘量去做點有意思的事情。如果非要有個順序，那就先做有意思的事情裡沒做過的；盡早遠離不合適的人，如果非要給「合適」立個參照標準，那就看他是增加了你對生活的好奇，還

是削減了你對愛情的熱度。

想買的東西，在力所能及的情況下，咬咬牙還是買了吧；想去的地方，在有條件的前提下，擠擠時間還是去了吧。錢不花，就不是自己的，景色不看，就是上帝的。

人生就是場體驗，請你盡興點！

遇到壞人，該封鎖還是得封鎖；遇到網路打賞，該收就收。

粗茶淡飯不要緊，朋友散場沒關係，兵荒馬亂也無所謂，只要你擁有熱氣騰騰的靈魂，日子就不會差。

喜歡誰就去示愛，想要什麼就大膽去異想天開，不被生活拒絕一下，你還真當自己是仙女啦？

我的建議是，你要時刻與這個世界保持聯繫——保持對無常生命的熱情、對庸常生活的好奇，只有這樣，你才能在每年生日時理直氣壯地說：「哎呀，又要過十八歲生日了！」

管他呢，反正絕不多插一根蠟燭！

誰都會老，也都會死掉，真心希望最後的那一天，你能夠拍著胸脯說：「我從未做過的事情，就是從未；我從不做的事情，就是不做；我一直在做的事情，就是我活著的意義！」

不管怎樣，
永遠不要蓬頭垢面地面對這個世界，
你那麼窩囊、那麼孬，
難道還想讓世界為你堆滿笑容？

THEME 50
迷人的混蛋

在我們周圍，有兩類人不怕麻煩人，一類是不講規則，不知道什麼是底線；另一類是相信自己還得起！

同樣有兩類人不怕得罪人，一類是滿腦子的「我想愛誰就愛誰」，任性、自私、無所謂；另一類是強大到能夠承擔後果，同時也相信別人惹不起！

所以，能不能麻煩別人、該不該怕得罪人，你要自己多掂量。

在懂事之前，你巴不得把自己的天真、善良、熱心都寫在腦門上，恨不得對每個新認識的人都掏心掏肺；但在懂事之後，你又恨不得拿起筆在臉上寫著：「我很冷酷，不講人情，容易讓人失望，生人勿近。」你寧願讓新認識的人覺得你自己是個混蛋，也不要日日夜夜扮演一個三百六十度無死角的爛好人！

敢做混蛋的好處是，別人會從你的缺點裡慢慢發現一兩個優點。而一直扮演好人，只會慢慢讓人覺得「你本就是好人」、「你就該幫我」。

所以，對於自己喜歡的人和事，你要繼續滿腔熱情；而對於自己不喜歡的，你不僅要冰冷，還要變成巨大的冰山——讓他們靠不上來！

所以，千萬不要因為喜歡一個人而無條件地退讓，也不要因為害怕回到一個人而獨自維繫。你要學會聰明地結束，而不是為了一個錯的人，壞掉了自己對愛的信心。更不必在這種事情上折騰自己，反思是不是自己哪裡不夠好，考慮如何退讓才能讓對方喜歡自己，不必！你唯一需要檢討的，就是為什麼沒有讓他快點走出你的人生。

切記：那些不清不楚的你情我願，早晚要用恩斷義絕來償還！

那麼，什麼是「迷人的混蛋」？

我覺得是這樣：他冷熱分明，愛恨分明，酷得像晚秋的風，瀟瀟得像森林裡的鹿，不討喜，卻自由。

迷人的混蛋活得有底氣、有尊嚴，也有原則。

他絕不會偷偷摸摸地練「九陰白骨爪」這樣陰險、邪惡的功夫，也不會私自練「葵花寶典」這樣自殘、自虐的功夫，他不放暗箭，也不借刀殺人；他不怕獨自一人，也不怕人潮洶湧。

他會努力去學光明正大的「降龍十八掌」和內功深厚的「易筋經」，以便能接住別人的明槍暗箭，保住自己的暖意與周全。

他在年紀輕輕時就「老了」，有一顆溫熱的、穩固的，同時也滿是抬頭紋的心。然後，時光打磨，他慢慢變得年輕起來，年輕得像個無所畏懼的混蛋。

他就像是學生時代的同桌，你上課找他說話，他就舉手告訴老師；你下課對他調皮搗亂，他就不管不顧地去訓導處揭發你。可是呢，成績名列前茅的是他，體育場上領跑的是他，老師喜歡的是他，被同學記住的還是他，儘管他看起來不好惹、不熱情。

除了外在的優秀，他還有其內在的強大；既能夠盡情盡興地給討厭的人甩臉色，也能光明正大地和喜歡的人說情話。

所以，請你自顧自地美好起來，照看好自己的身體和靈魂，看書、運動、修身養性，努力去獲得知識、開闊眼界，並且自成格局。

哪怕你的社群平台個人動態裡按讚數寥寥無幾，哪怕你正在被一個小

團體邊緣化，哪怕你不了解周圍人在議論的熱播劇，哪怕你從不點開網路上的熱門話題⋯⋯

這一切其實沒什麼大不了的，不要讓你的生活被費力不討好的對話填滿，也不必擔心有什麼隊伍必須要跟上去。

如果說，真有什麼是值得去贏的，你應該贏得尊重，而非認同。

生而爲人，有四項建議：

一是別和豬打架，

二是別跑到豬設定的擂臺上爭贏鬥狠，

三是別想著如何用豬的方式去打敗豬，

四是和眞正的人類做朋友。

PROBLEM
「志同道合」的問題

1. 一個飯局上，你聽到有人詆毀你的朋友，而且你認為他說得很過分，你會站出來替朋友說話嗎？

2. 你是否為朋友做出過巨大的犧牲卻隻字不提？

3. 對你而言，有哪些事情是非常嚴肅的，就算是好朋友也不能拿它開玩笑？

4. 如果你有一位畫家朋友，他非常希望聽你誠實地評價他的作品，而你覺得他的畫很差勁，你會實話實說嗎？

5. 你有幾個友誼維持了十年以上的朋友？

ANSWER

THEME 51
愛誰誰

人性的醜陋之處就在於此，凡事太容易原諒自己，又太擅長遷怒於其他！

比如找工作，畢業時沒找到，你就想著可以考研究所；賺錢的職位太辛苦了不願爭取，你就想著找個賺錢少一點但不太辛苦的。

比如出門旅行，買機票太貴了，你就盤算著買火車票，「反正能到目的地就行」；星級酒店太貴了，你就自我安慰「青年旅社也不錯」。

比如找戀人，覺得談戀愛太麻煩，你就圖省事，去相親網站裡約；與一個不合適的人相處得很累，你就自我麻痺說「沒有天生就合適的兩個人」……

很多時候，人生就是這樣一點點被自己給「哄」沒了的！然後，你只能抱怨，說薪水太少，說生活太難，說遇人不淑……

你說你是個對錢沒有概念的人——既不貪財，也不想著發財。那結果必然是，但凡是能用錢解決的事情，你一件都解決不了！

你說你是一個對生活有情調的人——不想謀生，只想要生活。那結果自然是，你的生活既沒有積蓄，也沒有頭緒，只有沒有原因的情緒和沒完沒了的頭皮屑！

那你有什麼好抱怨的呢？

你在人生的每一個岔路口上做出的選擇，都是基於「容不容易」和「麻不麻煩」，而不是「喜不喜歡」和「適不適合」。那你又憑什麼去抱怨命

運，抹黑現實，同情自己呢？

你的怨天恨地只是在展示你的窩囊，你的憤世嫉俗只能體現出你的狹隘。你如今的每一秒都不過是在為曾經的選擇埋單罷了！

遇見了幾個爛人，你對感情的猜疑越來越多：「我該不該放棄？」、「他是不是拿我當備胎了？」

過慣了有指令的生活，你的糾結就會越來越多：「一會兒吃什麼？」、「要不要看零點場的電影首映？」、「過節是回家還是找個夥伴去旅遊？」、「明天是穿短褲，還是短裙？」

工作的年頭久了，你的激情越來越少，困惑就會越來越多：「再堅持幾年，老闆會不會給我升職加薪？」、「天氣這麼糟糕，我今天是不是應該請假？」、「遲到了應該也沒什麼問題吧？」、「我得多拚命，才能避免今晚再加班？」

週末準備出門遊玩的時候，看到競爭對手發了加班的消息，心裡竟然莫名地緊張起來；晚上敷面膜的時候，聽說同行的某某正在為了某個專案鏖戰，居然會有些坐立不安。

於是，在家裡端著咖啡曬太陽，竟然有種罪惡感……

別人的生活是：有乾淨的圈子、規律的生活、中意的人；每一夜都能安安靜靜、心安理得地入睡，每一天也能清清爽爽、精神抖擻地醒來。你的生活是：擁擠不堪的圈子、毫無規律的作息、湊合著的戀人；每一夜都是焦慮不安地失著眠，每一天是心事重重、疲憊不堪地醒來。

別人的生活態度是：像少年一樣熱烈地愛，像老人一樣平靜地痛。

你卻是像老人一樣毫無激情地愛，像小孩一樣歇斯底里地痛！這樣的你哪還記得初心，哪還顧得上夢想？

你有庸碌著過此殘生的自由和權利，但我還是希望你能活得再精彩一些。我希望你多看一些讓你耳目一新的事物，而不是奇葩；我希望你多體會一些新鮮的感覺，而不是泡在糖罐裡；我希望你多結識一些觀點不同的人，而不為對錯輸贏；我希望你的一生充滿了儀式感十足的鄭重其事，而非搪塞著打發時日……

無論你是基於什麼而屈服於生活，你都要給自己的夢想、初心留一些容身之地。

它們是你生而為人的意義所在，是你情懷的居所、道德的底座；是你不焦慮、不畏懼的前提，是你不妥協、不將就的資本。

什麼叫「不忘初心」？就是剝離掉虛榮心、表演欲、自我感動的外殼，露出對真實自我的一片赤膽忠心。

什麼叫「疲憊生活的英雄夢想」？就是領教了這個世界的兇險與頑劣，還是有勇氣要過「該吃吃、該喝喝，愛誰誰」的快意人生。

THEME 52
騙自己

你覺得「世界那麼大，也想去看看」，然後，你約了幾個朋友，翻山越嶺地出去了，最後找了一個風景秀麗的地方，幾個人就一起靜靜地坐著，玩起了手機！

你聽信了「一年之計在於春，一日之計在於晨」，於是你起了個大早，準備認真地讀讀書。你首先喝完了咖啡，吃完了早餐，然後化了一個迷人的淡妝，最後，你美美地看書五分鐘，接著跟社群好友自誇了兩個小時。

你也相信「書籍是人類進步的階梯，書籍是造就靈魂的工具」，然後，你在家裡準備了兩個很文藝的大書架，並且費心費力地淘來了很多工藝品，擺上了整排的經典。只可惜，你讀書的進度遠遠追不上買書的速度！

對於親朋好友們給出的建議，你是「虛心接受，堅決不改」；對於擺在眼前的事和人，你是「不到非做不可的時候，能拖就拖；還過得去的關係，得過且過；不帶命令的任務，能躲就躲」。

你把麻木當成了成熟，把無能為力過成了順其自然。最後，面對鏡子裡那個糟糕得像是「移動的災難」一樣的自己，你竟然也「無憂亦無懼」地忍了！

同樣是讀書，真文藝的人是發自內心地喜歡某本書，並且能讀出書中的趣味來，甚至有可能「學以致用」。而假文藝只是將書當成表演的道具。

同樣是講情懷，真文藝的人有讓情懷落地的具體規劃、具體途徑，以及付諸實踐的努力和勇氣。而假文藝是將情懷當成表演的旁白。

同樣是嚮往詩意和遠方，真文藝的人往往是腳踏實地地為自己找到去

遠方的方法，並在當下的生活中不斷反思、不斷沉澱智慧、不斷累積，並且有隨時去遠方的本錢和條件。而假文藝是將詩意和遠方當成了表演的臺詞。

那結果自然是，生活不只有眼前的各種難關，還有你讀三遍都讀不懂的詩意和八竿子都打不著的遠方。

當你的能力是不可取代的時候，你的弱點才能被人忽視。同樣的道理，當你的本事到了優於常人的地步時，你的文藝生活才能被人真正地關注並推崇。

你學別人說「一切都是最好的安排，失去鐵斧，神明會給你金斧；吃了毒蘋果，會等來王子一個吻」。可實際上，若失去了鐵斧，你就得去徒手劈木頭；吃了毒蘋果，你得去洗胃。

真正的文藝是，看起來無所事事，實際上無所不能。

我再強調一次，無論怎樣，都別對歲月啊、命運啊心存幻想。因為歲月、命運一般不怎麼愛搭理遊手好閒的你，就算勉強搭理，它們也是「牆頭草」，今天告訴你「別急別急，你想要的，我都會給你」，明天你管它要的時候，它又跟你說「命裡有時終須有，命裡無時莫強求」。

PROBLEM
「完美人生」的問題

1. 假如你今天就要離世了，來不及和任何人告別，你能想到的最遺憾的事情是什麼？

2. 假如人生的最後一天可以選擇世界上任何人，你希望邀請誰共進晚餐？

3. 對你來說，怎樣才算是「完美」的人生？

4. 假如你能夠活到九十歲，並且你可以選擇讓你的心智或身體在後六十年一直停留在三十歲，你會選擇哪一個？

ANSWER

THEME 53
來都來了

中國式解決問題的名言警句很多，比如「為了孩子」、「大過年的」、「給個面子」、「都不容易」……但最讓我敬佩的是「來都來了」。

想像一下，你和幾個好友去一個度假村閒逛，本來是以「放鬆身心，呼吸新鮮空氣」為目的，結果在去的路上看見了一連串的廣告，說度假村馬上要舉辦一個音樂節，來了幾個你沒聽說過的藝人。於是你們幾個就興致勃勃地走了八里多地。

到現場才發現：排隊入場的隊伍超出了三公里，礦泉水三十元人民幣一瓶，同時公共廁所在五公里之外。你覺得沒什麼看頭，準備走的時候，你的朋友來了一句「來都來了，去看看唄」。

於是，你們一人買了一瓶礦泉水，小口小口地潤著喉嚨，怕喝多了上廁所麻煩；你們在一群狂熱的粉絲堆裡忍受著刺耳的音樂和根本接受不了的嘶吼……

想像一下，你抱著「盡孝心」的心態，週末想陪著家人來個周邊遊，聽說最近有個新開發的旅遊風景區，一家人聽了都很滿意，也都滿心期待著。

但到了目的地一看：油漆還沒乾透，安全保護也不很完善，吃住都有著同一個特點——既貴又有裝修味。你覺得這裡不行，想再換個地點，準備啟動車子的時候，你媽來了一句「來都來了，去轉轉唄」。於是，你們捏著鼻子、小心翼翼地邊逛邊玩；你們花著遠高於市場價的食宿費，吃著跟路邊攤一個味道的「特色菜餚」……

再想像一下，你上個月剛結婚，此時正和另一半在塞班島的沙灘邊閒逛，偶遇了一排紀念品商店。你本來是想給爸媽或好友帶一點紀念品，另一半是想著給這次蜜月之旅留點念想。

可走進商店裡一看：有帶著明顯工業製品味道的假珊瑚擺件，有用貝殼做的奇醜無比的各式手鏈，有各種不知道放了多少色素、糖精的果乾和軟糖……你什麼都不想買，但這時候，你的另一半說了句：「來都來了，怎麼也得買一點啊！」

於是，你們倆帶著一種「既然來了就別浪費機會」的使命感，選了一堆奇醜無比的貝殼和連嚐一嚐都沒有欲望的糖果……

你看，「來都來了」就像是一個魔咒。只要有人對你說出這四個字，你就能中邪般地拿出錢包，去最騙錢的景點、爬最無聊的山頭、吃最沒特色的招牌菜、買最沒紀念價值的紀念品……

唉，攔都攔不住！

一個不爭的事實是，你沒有目的、缺少規劃，你就越容易聽信那句「來都來了，進去看看吧」。

「總不能白跑一趟啊，看了總比不看值」、「總不能讓人笑話啊，怎麼樣都得裝出玩得好爽的樣子」……這樣又懶又要面子的心理成全了一大堆「旅遊景點」。它們隨便弄幾塊大石頭、栽幾棵歪脖樹，就可以笑呵呵地坐著等你遞過來門票錢。

人生啊，確實是一場修行，剛開始你總覺得是這個世界欠修理，後來才明白，欠修理的其實是你自己。

人性的醜陋之處就在於：
一旦習慣了接受，就會忘記感恩。

THEME 54
三觀一致

交朋友，最幸運的就是交到一個三觀（編按：指人生觀、價值觀、世界觀）一致的朋友。

三觀一致並不是你們的想法、觀念、生活完全一樣，而是「你很正經，但你還是願意聽我胡說八道；我很傳統，但我依然能欣賞你的特立獨行」。

三觀一致的表現是：你喜歡有情調的法式大餐，他喜歡路邊攤的啤酒串烤，但你理解「喝著啤酒吃串烤的爽快」，他也願意享受法式大餐的浪漫與奢華。所以你們邀約對方，都願意奉陪到底。

你喜歡說走就走的旅行，他偏好於宅在家裡看書，但你理解「宅在家裡」的安逸與清閒，也相信「書中自有黃金屋」；他羨慕你「行萬里路」的瀟灑與炫酷，也欣賞你「說走就走」的衝動勁兒。所以你們聊起各自的假期，都樂意傾吐和傾聽。

你們都懂得，這個世界上沒有絕對的對錯優劣，你們相信世界是因為「不同」才多姿多彩的，因此願意接受不同的生活方式和生存理念。

在這個「一言不合就開罵」的時代，遇見一個三觀一致的人，堪稱人生的幸事！

友情是兩顆心的真誠相待，而非一顆心對另一顆心的軋壓！

三觀不合的表現是：你為了健身辦了一張健身的 VIP 卡，每天運動一個小時，塑身效果顯著，就想著喊他一起，結果他認定你是「有錢沒處花」。

你為了某個職稱而努力學習、踏實打拚，逐漸在職場上有了起色，你就勸他也積極向上一些，結果他認為你是「借人上位」。

你為了去看看外面的世界就努力賺錢、仔細攢錢，然後見識了世界的繁華，就勸他也出門看看，結果他覺得「風景不都是一個模樣」，並且覺得你是「假裝文藝」，是「花錢買罪受」。

三觀不合，就沒必要把對方請到生命中來供著。硬把兩個三觀不合的人捆綁在一起做朋友，是一件讓雙方都痛苦的事。一個要裝作很厲害的樣子，而另一個要強忍著討厭！

三觀不合的朋友多了，越鬧騰，只會越孤獨！

聊不下去就不聊。你又不是大街上那個算卦的，嘮不出那麼多他愛聽的嗑兒。

交友其實是件很殘酷的事，比如曾經那個「化成灰」你都能認得出的人，如今化了個妝，你就不認得她是誰了！

不信你看，以前吵完架淚眼婆娑地鬧著要絕交，第二天見面的時候，抄一次作業、分一根熱狗香腸就能和好如初。如今呢，明明沒有矛盾，卻連「再見」都沒說，就心照不宣地再也不見了。

甚至到最後，你們比陌生人還陌生，卻連一句「為什麼」都沒有問出口……

最悲哀的事莫過於，曾經笑顏逐開的兩個人，到如今已經陌生到連是否要按讚都要反覆掂量的地步。

交到一個三觀一致的朋友是什麼體驗？大概是，你能保全自己的本性，同時對生活有了更多的期待。

就是那個人好像懂你購物車裡的東西為什麼要買，知道你為什麼要把一本小說讀八遍，也知道一起出門會逛哪些地方……那個人能把平淡的日子過出波瀾，能把身邊人的不快一掃而光，也能把快樂無限放大。

這一切，不是基於如數家珍的互相了解，而是你們對某一類東西都很感興趣，然後覺得彼此有趣；這一切，不是基於四平八穩的泛泛之交，而是你們認可對方身上的那些莫名其妙，然後覺得對方很可愛。

希望有一天，你能和這個一本正經的世界擦出精彩絕倫的火花；也希望有生之年，你能幸運地成為別人冗長生命裡有趣的某某。

THEME 55
以貌取人

你總喜歡說：「衣服、化妝品，能省就省吧，省的就是賺的。」結果呢，你越省越窮、越省越乾癟、越省越空洞、越省越沒看頭。你省掉的很可能就是你最精彩的人生篇章，比如年輕的臉、婀娜多姿的身段、源自骨子裡的自信、觸手可及的愛情，以及變好的可能。你總喜歡說：「注重外表就是膚淺。」結果呢，你的內在似乎也沒什麼人感興趣。你所謂的「更注重心靈美」只是你懶到無可救藥的託辭，你強調的「不喜歡化妝」更像是給無人問津找了個藉口。

你總喜歡說：「出去玩是為了放鬆，隨便穿什麼都行啊，又沒人看你！」結果呢，你「隨便」成了旁人眼裡的那個沒見過世面、土裡土氣又煩人的「臭遊客」。你的旅程標榜是「放鬆自己」，實則是「放棄了自己」。

長相很重要，穿著很重要，妝容很重要，成熟並且乾淨很重要！相信我，那些會愛上你美貌的人肯定會比只愛上你內在的人多得多！

而且，即使是宣稱「喜歡你素顏」的人，也一定是保證你的外貌在他所能接受的範圍之內的。

人之所以為人，你不能將口紅、香水、長裙和高跟鞋與女人剝離開，也不能將皮鞋、領帶和腕錶與男人分開。構成一個人的，不只是皮肉、骨血和基因，還有那些看似沒有生命的物件，是它們，讓一個人栩栩如生且獨一無二。

當一個人在年紀輕輕的時候就喪失了洗頭、打扮或讓自己變好看的欲望，那他一定是鹹魚投胎！

外在好看就是一種心照不宣、一望而知的能力，一個無需辯駁、不言自明的優點。幾乎所有的人事經理都是以貌取人，幾乎所有的一見鍾情都是基於好看。

一個五官端正、著裝講究的人，與做事規矩、待人眞誠的人，很可能是同一個；一個在「吃穿住行」上有要求的人，與在工作中力求上進的人，很可能是同一個；一個管得住嘴巴不胡吃海喝的人，與管得住嘴巴不胡說八道的人，很可能是同一個。

反之，一個嘴歪眼斜、衣衫不整的人，與做事時挑肥揀瘦、拈輕怕重的人，很可能是同一個；一個在言談舉止上表現輕浮的人，與在技能上是個半吊子的人，很可能是同一個。

我的建議是，不要仗著自己長得醜就隨便熬夜，不要仗著暫時有人喜歡就放棄了保養皮膚、鍛鍊身體和滋養靈魂，無論何時何地，你一定要美美的。

一切正常人的正常想法是，就算我是一隻癩蛤蟆，我也不願意娶另一隻母癩蛤蟆。

少浪費心思跟那些三八竿子打不著的人鬥智

鬥勇，多留些精力用在賺錢和自強上。

殘酷的現實是：

你弱的時候，壞人就漫山遍野；

你窮的時候，倒楣事就逆流成河。

PROBLEM

「回爐重塑」的問題

1. 如果你有機會改變父母養育自己的方式，你會選擇改變什麼？

2. 假如你和父母角色互換，你覺得該如何「教育」他們？

3. 假如你突然發現，由於醫院的失誤，兒子和別人家的孩子搞錯了，如今已經三歲了，你會換回來嗎？
   如果被搞錯的人是你，你想找到親生父母嗎？

4. 如果你知道基因可以改造，而當初父母放棄了改造，你會怎麼想？但如果你身邊的朋友有一半是基因改造的，你又會怎麼想？

ANSWER

THEME 56
求同存異

生活中難免會遇到那種臉上寫著「我最正確」的人，在他看來，誰要是違背了他的心意，誰就有壞心眼；誰要是拋出與他相左的意見，誰就是故意為難他。

他每天的心路歷程是：「你居然不認可我」、「你居然跟我爭辯」、「你那麼說是在攻擊我」、「好吧，我要和你對幹到底」。

問題是，當你發現別人沒有接受你的意見，就立刻發火、視其為壞人時，你其實已經變成了你討厭的那種人。

羅素曾說：「如果你一聽到與自己相左的意見就發脾氣，這就表明，你已經下意識地感覺到『自己的看法沒有充分的說服力』。如果某個人硬要說『二加二等於五』，或者說『冰島位於赤道』，你只會感到憐憫，而不是憤怒。」

我的建議是，把精力用在增長見識和本事上，而不是用發脾氣的方式去要求別人跪下。不如停下來，反省並自查一下，也許你很快就會意識到，自己的判斷並不是那麼合情合理，自己的結論並非那樣天衣無縫。

你有想說什麼就說什麼的自由，但別人沒有和你一樣的義務。相處不累的關係是：積極地支持對方，愉快地各執己見。

最好的心態是：喜歡的東西照常喜歡，但允許自己暫時無法擁有；反對的事情依然反對，但允許它們存在。

很多時候，你覺得不合理的事與物，很可能是因為這些東西不是為你準備的，而不見得是別人有多傻。

比如，當你看到一個不喜歡的設計時，很有可能是因爲作品的目標受眾不是你。根本就不是因爲設計師水準差勁，或者是他的眼光太低級。

當你發現自己跟某個人的觀點始終無法達成一致，甚至到了「經常針鋒相對」的地步，很有可能是因爲你們有不同的人生經歷，因爲結論往往就是一個人全部人生的濃縮。

當你發現一個曾經還不錯的朋友突然把你封鎖了，很有可能是因爲他不想跟你繼續交往了。根本就不是你做錯了什麼，或者他犯了規。

不要想著說服別人，也不要強求別人能夠理解你。事實證明，絕大多數的「說服」都是徒勞無功的，只會讓人心生厭煩，甚至產生越來越多的「不順眼」。

所以，與人交往時，聽得清楚，說得明白卽可，求同存異才是君子之交。

互相能夠理解，那是理想；互相不能理解，才是現實。

PROBLEM

「無可救藥」的問題

1. 如果你得到了一瓶神奇藥水，能夠讓一個人無可救藥地愛著你，一生一世都不變，你會用嗎？如果會，你想對誰使用？你怕不怕這種愛會變成一種負擔？

2. 假如有一種特殊藥品，能讓你吃不撐、喝不醉，而且你不會因此而長胖，你會服用嗎？有什麼食物是你不想喜歡卻停不下來的？

3. 你會因為一個人比你幸運或成功而不喜歡他嗎？

ANSWER

THEME 57
雙倍奉還

網路上有個有意思的對話。

A問B：「如果你中了五百萬，第一件事做什麼？」

B指著手機說：「打電話借錢，把所有認識的朋友、親戚借個遍。」

A好奇地問：「你不是中了大獎？怎麼還問別人借錢！」

B回答說：「他們不借錢給我，我看他們到時候還有臉問我借不！」

人情的遊戲規則是：你今天借了我半勺的醬油，明天我一定要送你兩籃雞蛋。而不是將別人的幫襯當成舉手之勞，然後理所當然地享用。

「求助」或者「拒絕幫助」除了脾氣、個性、關係親疏之外，還在於你的實力和底氣。

敢求助的底氣不該只是因為你迫切需要，而是你不怕成為別人的麻煩，因為你相信自己還得起；敢拒絕的底氣是，你不怕得罪誰，因為你相信他惹不起你。

其實，人人都吃「擺架子」這一套。你細想一下，以前你簡訊秒回，稍有共鳴就掏心挖肺，幫起忙來熱血沸騰。有多少人領了你的情，又有多少人視你的熱心腸為理所當然？

以前你害怕得罪人，不敢要求，不敢說錯話，怕冷場，怕被忽略，怕對方不高興，誠惶誠恐地面對所有人。你得到相應的尊重了嗎？

朋友之間，互相幫忙是肯定要有的，但「幫」的本質是助其一臂之力，而不是變成他的手臂；是和他一起完成或經歷，而不是取代。

比如，求助的人本來就有八分力，你只需幫他兩分就夠完成任務了。可他看見你伸手幫忙了，他立刻就降到五分，你就得拿出五分力去幫；等你拿出五分力的時候，他可能又降成了三分。最後，你會發現，他所謂的「幫我」等同於「你替我全都做了」。

結果是，你忙得熱火朝天，在他看來也不過是舉手之勞；他閒得像個甩手掌櫃，在你豐富多彩的世界裡遊山玩水。

人與人之間，真的沒有那麼多的舉手之勞！

對於這類愛占便宜的人，千萬不要試圖用道德、修養、素質、交情來「綁架」自己和他們繼續做好朋友，因為你很快就會得出這樣的結論：他真的好討厭啊！

當然了，你也不要指望那些愛占便宜的人會比你早一天幡然醒悟，然後良心發現向你致歉。

壞人的策略大體是相似的，比如，一旦說出了那句著名的「對不起」之後，就說明他準備繼續對不起你。

人性的醜陋之處在於：如果你每天給人一塊錢，他習慣了，一旦你哪天沒給，他就會記恨你；可如果你每天給他一個巴掌，他習慣了，一旦你哪天沒打了，他還會跪謝你！

所以我的建議是，當他遲到了你就先走，當你不想做就大大方方地說出來，當遇到冷場了也絕不故作喜感……當你收回多餘的熱情，收起不被需要的關懷，並逐漸增長本事的時候，你會慢慢發現，自己竟然被尊重了！

所謂討喜，其實是討來煩惱，伴裝歡喜；
所謂討厭，其實是討人喜歡，且百看不厭。

THEME 58
脫單不如脫貧

在洶湧的人潮中，單身的人難免會湧起儘快脫單的念頭。

比如，在擁擠的地鐵裡，你看到別的女孩子被男朋友貼心地護在懷裡，而自己勇猛得像個漢子；此時背包被人群用力地夾著，下一站就要下車了，可前面站滿了虎背熊腰的男人……

比如，一個人租房子，偌大的行李箱比自己還重，搬到一半的時候已經汗流浹背了，氣喘吁吁地在路邊坐著休息，還要小心翼翼地躲著路人拋過來的同情眼光；剛放下行李箱，網購的衣櫃又到了，可拼了好久也拼不上，最後崩潰地坐在地上……

比如，期待已久的假期到了，精心打扮了好久，剛出房門又猶疑了一下：「我去哪裡？和誰？」然後很快又回答了自己：「算了吧，在家洗洗衣服，收拾收拾房間吧。」

比如，最新的電影上映了，你超級喜歡，可想了半天都找不到一個能一起看的人；比如在超市的貨架上看到了心儀已久的檯燈，可踮起腳尖也搆不到最上面那一層；比如一個人在醫院裡繳費、打針；比如在火車站的人海裡擠出了一條路來，然後，一個人抱緊行李，警惕地看著每一個人。

單身久了確實容易得心病，比如變成「幻想高手」。

如果誰要是抽空關心你一下，你恨不得把自己免費送出去；路上不小心有誰碰了一下你的胳膊，你連你們的孩子在哪兒上學都想好了……

但我還是得再次提醒你：寧缺毋濫，一定會得償所願；慌不擇路，必然會悔不當初！

很多女生都有「飛上枝頭變鳳凰」的幻想，或者嫁個「金龜婿」的夢；很多男生也會默默地想「娶個銀行，少奮鬥幾年」……可這些都不過是一種想不勞而獲的幻想罷了，等同於天方夜譚！

我所謂的脫貧，不是指勉強地解決自己的溫飽問題，而是要有實力去讓自己珍重的人過得安逸、舒服；不是指卑微地嫁給一個長期飯票，而是在他的家人要求你再生一胎時，可以堅定地搖頭說「不」。

脫貧不是拜金，而是指你要有能做自己的本錢、敢做自己的底氣。但凡是算計著如何嫁入豪門做闊太太的女孩，多數都成了渣男的收割機，或者被當作生育的機器。

很現實地說：你可以幻想有個人來照顧你一輩子，養你一輩子。但請你永遠記住，經濟獨立才是你最應該追求的目標。因為世間萬事風雲莫測，誰都不是孫悟空，你喊一聲「齊天大聖」，他就來了；誰也不是「都教授」，你有什麼難處了，他瞬間就會出現。

只有你錢包裡的人民幣才能讓你挺起腰桿做人，最終能讓你長久心安的，也一定是你自己。當你變成了一個金光閃閃的小太陽，自然會有無數的星球向你靠攏。

少浪費些心思跟那些八竿子打不著的人鬥智鬥勇，多留些精力用在賺錢和自強上。殘酷的現實是：你弱的時候，壞人就漫山遍野；你窮的時候，倒楣事就逆流成河。

你遇不到美好的事、找不到有趣的人，真的不是老天作對，或者別人瞎了眼，恰恰是因為你還不夠好，所以他們都在躲你。

PROBLEM
「一夜成名」的問題

1. 你希望成名嗎？在哪一方面？

2. 列舉三種能讓自己一夜成名的事情。

3. 你的人生中最感恩的事情是什麼？

4. 假如可以改變你成長過程中的任何事，你希望有哪些改變？

ANSWER

PROBLEM
「心理彩排」的問題

1. 撥打電話前，你會先練習要說的話嗎？為什麼？

2. 表白之前，你想過對方如果拒絕你，你該怎麼辦嗎？

3. 早上出門，你會設想將會發生什麼嗎？

ANSWER

THEME 59
懂得自嘲

有著「中文拼音之父」之稱的周有光在自己的一百零九歲大壽上幽默地說：「上帝太忙，把我忘了。」

演唱會票房慘澹，面對著為數不多的歌迷，羅大佑幽默地說：「來這麼好的地方聽演唱會，你們從來沒有這麼寬敞舒服過吧？」

蘇格拉底面對自己潑辣的妻子會說：「討這樣的老婆好處很多，可以鍛鍊忍耐力，加深修養。」

面對媒體上流傳的「曾有過一個雙胞胎弟弟意外溺亡」的傳聞，馬克·吐溫曾說道：「最令人傷心之處在於，每個人都以為我是活下來的那一個，其實我不是，活下來的是我弟弟，淹死的是我。」

自嘲就是嘲笑自己、抨擊自己，甚至是醜化自己。但這種策略極其高明，因為對手再怎麼招人煩，也會馬上閉嘴；如果遇到的對手臉皮比較薄，他甚至還會反過來安慰你。

換言之，自嘲是一種更高級的防禦手段，它能把自己從某個漩渦中拉回到安全地帶，之前因為壓力、因為被質疑、因為不自信、因為出糗而產生的焦慮、不安、失望、難過、孤獨、寂寞都會暫時消失。

他不是笑話你這件事沒做好嗎？你就順著接話：「對啊，都說無才便是德，我一定是太缺德了。」

他不是看不慣你的待人接物的方式嗎？你就告訴他：「我爛泥一灘，鄙視我的人太多了，不差你一個。」

他不是嘲諷你的身材走樣嗎？你就接過話去：「其實也有好處，比如今天下樓梯摔倒了，居然一點都不疼，幸虧有這麼多肉墊著。」

懂得自嘲的人，就像是隨身攜帶了一座避難所。

人們希望把自己美好的、精緻的、正常的一面展現給別人看，把那些丟臉的、可笑的、自卑的一面藏起來。可生活是個戲劇大師，它既會編劇，也愛看戲，尤其是看你出糗。

於是，它在眾目睽睽之下，讓你摔個「狗吃屎」；在精心準備的生日宴上，讓你意外頻發；在期待已久的榜單上讓你名落孫山；又或者是你被大風吹出了搞怪的髮型，被大雨澆成落湯雞，被不可靠的某某當眾奚落……

這些難以避免又無法預料的糗事層出不窮，並逐漸「接管」了你的情緒。這些倒楣的、失落的、苦悶的、絕望的情緒就像是生活中不請自來的敲門客，它們看似無禮卻有力量，看似歹毒蠻橫，你攆也攆不走，推也推不開。它就站在你的心底，蠻不講理地說：「現在開始，這兒我說了算。」

自嘲是幽默的最高境界。它是用貶低自己的方式來保護自己，讓別人在攻擊你之前就識趣地閉上嘴。

不是一路摔跤摔過來的人，達不到這等境界。但凡是吃過苦的人，往往能夠理解開懷大笑背後的酸楚，也知道自黑是面對不完美人生的最好辦法。

生活本就是一幕又一幕的黑色幽默劇，身處其中的我們要學會既接納黑色，又記得幽默。

THEME 60
譁衆取寵

我們都得承認，活潑開朗的人確實會更容易討人喜歡，相比較於坐在角落裡發黴的人，誰都會喜歡那個站在舞臺中央的、能說會道、左右逢源的人。

但是，如果你骨子裡就是個內向的人，假裝外向就會有一種東施效顰的效果。你就像扮演一個和自己性格截然相反的角色，你就像穿了一件尺碼嚴重不合身的衣服，你行動不便，身心俱疲，哪有什麼快樂可言？

你覺得一個人窩在家裡看書比跟一大群不熟的人去唱歌更快樂，那勉強自己的後果只會是：書也沒看成，還在包廂裡尷尬得要死。

你覺得一個人躲在辦公室裡加班、吃泡麵比跟著爸媽去參加大咖的酒會更自在，那勉強自己的後果只會是：你討厭遊戲人間的自己，你爸媽也討厭不會左右逢源的你！

與其這樣撲進人潮之中，假裝和世界抱作一團，不如就接受了那個內向的自己。然後，默默使勁，暗自承受。等到你做出了成績，有了一番作為，別人就會對你講：「你哪裡是內向，分明是內秀嘛！」

內向的人也有外向的天賦，只是沒辦法跟不在同一層次的人暢聊。

獨來獨往不都是因為內向，還有可能是由於卓越，所以敢與眾不同。誠如猛獸總是獨行，牛羊總是成群結隊。

內向的人不會因為有人勾搭一下，再唱幾句「小兔子乖乖」，就隨隨便便地把心門打開。內向的人擁有自己的後花園，園中花香四溢，滿是奇珍異草，但他不會輕易對外人開放。志同道合的人可以到此一遊，情趣相

投的人被允許偶爾光臨，而那些浮在表面的熱情和流於形式的熱鬧，都被拒絕入內。

你是內向，就努力向內秀靠攏，而不是強行改變自己的性格，憋出一身內傷！

內向的人最好的生活態度是：風大了，就表現出逆風出列的風骨；風小時，就展現出積羽沉舟的耐心！

這個世界總是這樣：有人誇你有內涵，便有人說你不過如此；有人說你有個性，就會有人說你太能裝；有人說你很實在，就有人說你真虛偽。內向的人，真的不必在意旁人的七嘴八舌，更不必羨慕他們的譁眾取寵。

如果你每次都會因為別人的三言兩語就猶疑地停下腳步，如果你每次都會因為某些人的不認可就悶悶不樂，如果你每次都會因為別人的投機取巧而唉聲嘆氣……那你花掉青蔥歲月，除了得到猶疑、悶悶不樂和唉聲嘆氣之外，很可能一無所有。

歲月的「小人之仁」就在於此，它會慢慢讓你識破生活的真相，卻不會給你任何補償！

PROBLEM
「薪盡自然涼」的問題

1. 你覺得自己最珍貴的東西是什麼？誠信、孩子、健康、某件珠寶？

2. 展望未來的時候，你是期待，還是憂慮？如果都有，那兩者各自占比大約是多少？

3. 你最期待的是什麼，最憂慮的是什麼？

ANSWER

THEME 61
學會自律

律己之所以難，就是因為要對抗自己的天性。

吃得飽飽的，躺在柔軟的沙發上追劇多舒服，有人卻在健身房裡要死要活地流汗。

抱著被子不放棄一場美夢多好，有人卻在晨曦未明的時候準備好了營養早餐。

趴在辦公桌前偷偷摸摸地看著網路文章多清閒，有人卻在勤勤懇懇地忙碌一整天。

這樣的人，哪有時間去患得患失，哪有閒心去八卦？又怎麼可能胖得起來？

你的皮囊會展示你的生活習慣，你的職位能體現你的努力程度，你的魅力對應的是你的見識和才華。

一個一百多公斤、渾身是病的人，往往過的是飲食不規律、作息不定時、暴飲暴食、運動為零的生活。

一個在工作上漏洞百出、得過且過的人，很可能在職業規劃、人生追求上是空白的。

一個生活中談吐庸俗、無聊空洞的人，很可能是在看書、旅行、思考上的投入嚴重不足。

所以，別再信什麼「胖一點點無所謂」這種話了。殘忍的事實是，就算你身上只是多長了三兩肉，影子也會跟著大一圈！

自律的生活不是說你準備了多麼詳細的計畫，有了多麼齊全的運動裝備，辦了多少張健身房的年卡，買了多少本新書，報了多少個進階學習班……

　　不是的，自律是從認真對待每一個當下開始的。比如，想早起時能立刻下床，想鍛鍊時能馬上出去跑步，想讀書時能讀他一兩個小時，不會消耗自己的時間去看旁人是否做了，不會從天氣或者心情上找藉口，最終將這些小細節養成一個個受益終身的習慣。

　　寫日記給你的好處，是堅持，是反思，是從小鮮肉到老司機的人生行車記錄器；整理房間幫你過得乾淨，過得舒適，見證的是雜亂無章的生活到井井有條的人生的蛻變；跑步教會你的是自律，是克制，是不放棄，是對幹到底。

　　當這些看似不怎麼要緊的事情成了你的習慣，它們就不會讓你負累，而是會變成你成長過程中的萬能打折卡，讓你在人生的每一個戰場上得到好處。

　　自律是一場與別人無關，自己發動並且針對自己的戰爭。

　　在外人看來，你是在自虐，實際上你是爭取更多的自由。因為真正的自由，不是隨心所欲，而是自我主宰——從控制熬夜、爭取早起，到控制欲望、減輕體重，最後到控制各種不甘心、忌妒心、得失心……

　　但凡是有些成就的人，都具備掌控自我的能力。他們都有鐵一樣的意志，軍人般的紀律，或多或少的清教徒式的生活方式。

　　有多少年輕人是自詡懶癌晚期？空有一顆減肥的心，無奈卻是吃貨的命；熬夜、喝酒、暴飲暴食；能坐著不站著，能躺著不坐著，能坐電梯不走樓梯……

「懶」真的沒什麼值得炫耀的，一懶是「衆衫小」，再懶就可能是生命縮水！

　　村上春樹說「肉體是每個人的神殿，不管裡面供奉的是什麼，都應該好好保持它的強韌、美麗和清潔」。

　　可你呢？自畢業後，你忙於工作、應酬和享樂，不注意作息，又不節制飲食，三五年後，當年的花季少男少女逐個變得腦滿肥腸、臃腫不堪、滿臉橫肉，糟糕透頂！

　　而那些少數能夠自律的人，他們精力充沛，思維活躍，充滿自信並且魅力十足。

　　他們就像是擁有某種超能力，能夠輕鬆地躲開歲月揮過來的殺豬刀，同時還能將見識和能力都變成肌肉，結結實實地長在自己身上。

　　年輕的時候吃吃「嚴於律己」的苦頭，你還能得到一種迎難而上、然後迎刃而解的快感；若是年邁時再去吃苦頭，那就僅剩風燭殘年、氣若游絲的淒涼。

別人對你好，是希望你也能對他好，
而不是讓你覺得自己很了不起；
別人不願意麻煩你，其實也是不願意被你麻煩，
而不是讓你以為他從來就沒有難處。
希望人人都有自知之明。

THEME 62
正在載入

不酷的你往往是這樣：遇到煩心事，內心先崩潰，看上去卻是悄無聲息的。特別能忍，心裡問候了別人祖宗十八代，臉上依然掛著「很高興認識你」的微笑；特別能裝，就算是快要煩死了，也能裝出一副「我好忙」的姿態玩手機。

一旦有人將你和別人同時作為選項存在時，你都會主動退出。所以你的口頭禪往往是：「沒關係，你送她回家吧，我自己回家就行」、「沒事，我自己能拿」、「不要緊，你跟別人玩吧」……

實際上呢，這並不是出於真心的「怕你為難」，而是單純地「怕親眼見到自己作為放棄的那個選項」，所以乾脆一開始就將自己排除在選項之外。

說到底，是骨子裡自卑，是內心太虛弱。

假期要出門，去哪裡玩還沒想好，就在為穿什麼犯愁。這件太花俏，那件太土氣，怎麼穿都覺得會被人笑話。

下班時饑腸轆轆，吃什麼又在糾結。川菜太辣，蛋糕太甜，日本料理又有點貴，最後給朋友的答案是「隨便點點」。

週末在家收拾冰箱，味道大的放進去會混雜味道，不放進去就容易壞；混雜味道了丟掉太可惜，吃掉又難以下嚥……

因為糾結，很多人的生活一直都是「正在載入」的狀態。

但奇怪的是，你哪來那麼多需要你左挑右選、思來想去的事？就算真

有這樣的事，糾結能解決得了嗎？糾結不僅浪費表情、耗損腦細胞，而且還會嚴重影響你的容貌，不信你就去照照鏡子，看你糾結的時候是不是醜爆了！

別人早就不糾結的事，你糾結著；別人早就放下的情緒，你還扛著。你在思考要不要起床的時候，別人已經拎著包出門了；你在糾結這種鬼天氣還要不要出門的時候，別人已經做完了第二套備案；你在煩惱要選哪條出遊路線時，別人已經在目的地拍了兩套風景照……

那你憑什麼過得比別人好呢？

最酷的活法是：聽不懂就問「這到底是啥」，買不起就說「有些貴」，配不上就說「那算了」。但有太多的人，聽不懂也點點頭，買不起說「我不稀罕」，配不上說「不過隨便玩玩」。

該努力時竭盡全力，該玩時盡情撒歡，看見優秀的人欣賞，看到落魄的人也不輕視，有自己的小圈子和小情調；沒人愛時專注自己，有人愛時有勇氣抱緊對方。

PROBLEM

「沒齒難忘」的問題

1. 你人生最大的成就是什麼？

2. 你最珍貴的回憶是什麼？

3. 你最糟糕的回憶是什麼？

4. 如果你知道自己將在一年內突然死去，你會改變自己目前的生活方式嗎？為什麼？

ANSWER

THEME 63
儀式感

你整天覺得無精打采，總說日子越過越沒勁，對周圍的人、事、風景、美食都提不起興趣。

你抱怨工作太無聊，朝九晚五，盡是重複；你抱怨吃飯太無聊，一天三頓味同嚼蠟；你覺得放假無聊，不是宅在家裡發黴，就是出去看人山和人海……你甚至沒耐心完整地看一部電影、聽一首歌。

以前約個會，你還會花時間去精心準備一番，現在呢，社交媒體上隨便一聊，就敢拜把子；網路上勾搭幾句，就有膽量去登記結婚。

見了一次面，就敢說「我喜歡你」，聊了三句話，就敢喊「我愛你」。這樣的表白和路邊攤上促銷皮鞋的叫喊聲有什麼不同？不信你聽聽：「走過路過，不要錯過，廠家直銷，超低價格，買到就是賺到……」

人與人之間，一旦交流變得太有效率，溝通變得太過容易，不再需要翹首以盼，或者倆倆相望，思念、關懷和安慰，統統都會迅速貶值。

你的告白和關心變得不稀奇了，你的愛與不愛自然就沒什麼要緊的了。這也解釋了為什麼有那麼多人懷念從前的那種來往方式，喜歡唸「從前慢，車馬慢，書信也慢，一生只夠愛一人」，也喜歡傳統書信裡的頭一句——「見字如面」。

是啊，什麼都圖方便、圖省事，誰還願意花精力和時間去愛恨情仇，去過年過節呢？

省來省去，很多人的半生就像是活在一天裡。這樣的活法，怎麼可能過得好一生呢？

生活過得索然無味，那是因為過它的人正灰頭土臉；生活過得風生水起，那是因為過它的人時時處處事事都充滿了儀式感。

強調儀式感不是虛榮心作祟，不是誰沒事找事地刷存在感，而是生活本身就需要它，需要它來保鮮，需要它來裝點記憶。

因為有儀式感，你才會記得某天的心動、某日的吻、某次閒遊聞過的花、某天依偎時穿堂而過的風，以及躺在星空下，某人滿臉溫柔地說出海誓山盟的情話。

所以我的建議是，越是平凡普通的一天，就越要認真打扮、細心紀念，你精心地過日子，才有可能被生活奉為上賓。生活中的尖刺和成長中的不安，也才會慢慢消融。

越是長大，就越要大肆慶祝過生日，二十六歲的生日要比十三歲的時候了不起一倍以上。你看蛋糕上的那些蠟燭，它們就是你努力生活的證據。

生活越是平淡無奇，就越要嬉皮笑臉地對待它。在這個快被無聊「攻陷」的世界裡，正因為你做了一些熱情的、無意義的「蠢事」，才顯得很好玩！

THEME 64
雙重標準

你得承認，人的本性就是雙重標準。

打個比方。你正在吃炸雞腿，喝啤酒，然後發了個動態貼文，說「油炸的就是最好吃的食物」。

這時候，有個你不喜歡的人給你留言：「這東西不健康。」你的第一反應肯定是：「關你什麼事？吃你家雞腿了？」

可如果是你喜歡的人給你留言：「這東西不健康。」你的內心戲大概是：「天啊，他在關心我。好吧好吧，我以後再也不吃了。」

又比如說，喜歡的人犯了錯誤，你會不分青紅皂白地原諒他，甚至會主動替他開脫、辯解；而討厭的人稍有過失，你就會不顧天地良心地鄙視他，甚至詆毀、誣陷。

這種「雙標」本性帶來的直接後果是，你將那些喜歡聽的評論稱為好心建議，將那些不愛聽的視為抹黑挑事；將那些覺得合理的看成是「事實如此啊」，將那些覺得不合理的認定為「肯定有陰謀」。所以，看到老師把「優秀學生」的榮譽頒給了成績不如自己的同學，你就斷定好好學習遠不如學會討喜，卻忽視了那位同學在平時表現出的過人的組織能力和團隊合作的能力。

看到老闆把管理的職位給了業績不如自己的同事，你就以為工作業績遠不如會拍馬屁，卻忽略了那個同事卓越的社交能力和領導能力。

你覺得自己和藹可親，很好相處，其實只是隱藏了真實的自己；你覺得自己顧全大局、做出了很多犧牲，實際上不過是擁有了「忍氣吞聲」和

「委曲求全」的爛品格……

你隨手找了一些看似合理的理由來欺騙自己，可問題是，蒙著眼睛眞的能騙了全世界嗎？

我曾見過，自稱是「善解人意」的人在有意無意地用言語傷害別人，還滿臉的春風得意。

也曾見過，自稱是「心直口快」的人在再三強調有著明顯錯誤的歪理，還自認爲是在匡扶正義。

還曾見過，自以爲「聰明絕頂」的人被並不難看穿的奉承或誘惑所輕易欺騙，還一臉的滿意……

所以，請你時刻提醒自己：要清醒！

我所謂的「清醒」，就是隻身獨行卻不會覺得孤獨，無人幫扶也不覺得虛弱無力；就是當有人不拿你當回事的時候，你還瞧得上自己；當有人抬舉你的時候，你沒有太拿自己當回事；就是任憑這個世界如何瘋狂、浮躁、紛繁複雜，而你能始終警覺、善良、一塵不染。

THEME 65
因為愛情

　　情感專家提醒我們，愛情是荷爾蒙的產物；生物學家進一步解釋說，這種分泌物是有期限的，最長是十八個月。

　　那麼有誰告訴過你，當荷爾蒙用完了，當激情退去之後，愛情是什麼？

　　悲觀的答案：是怨聲載道，是互相抬槓，是撕去了所有的面紗、光環、裝飾之後，看到的另一個赤裸裸的軀體；是拿去情感、學識、教養之後，看到的另一隻穿衣服的猴子。

　　而積極的答案：是兩個互相遷就的靈魂，在同一個時空裡交換見識、分享觀點，是兩個獨立精神的換位思考與推己及人，是兩種不同人格的自我克制與遷就。

　　要我說，愛情是上天的某種恩惠——你應該感謝在這個自顧不暇的年代，尚有幸同行！

　　那麼你呢？陪著你的時候，你總是擺出一副「你快點來討好我」的姿態，誰願意愛你到老？跟你聊天的時候，就像是在做「閱讀理解」，誰樂意陪你聊下去？

　　問你想要什麼？你氣鼓鼓地覺得別人不真誠，要不就是賭氣給出兩個字「隨便」。問你喜歡什麼？你扭扭捏捏，半天擠出來兩個字「你猜」。

　　這些問題的難度無異於，你在心裡放了一千多隻羊，然後讓他找到你心儀的那一隻。

別人既要照顧你的飲食起居，又要在乎你的喜怒哀樂，同時還得摸索出來你愛吃哪個菜系、喜歡什麼風格的禮物、想要去哪個地方吹風……

　　比這些更可怕的是，你自己都不知道自己喜歡什麼、想要什麼。就像你不知道你心裡的那一千隻羊哪只是自己中意的一樣。於是，你今天說喜歡有角的羊，明天說喜歡毛很長的羊，後天說喜歡跑得快的羊，大後天說喜歡長得肥的羊。最終你的答案是：我喜歡那隻有角、毛長、跑得快、長得肥的……

　　在你的眼裡，戀人永遠都有問題，不是這裡，就是那裡，反正永遠不會是你想要的樣子。

　　小說家詹迪・尼爾森曾說：「遇見靈魂伴侶的感覺，就好像走進一座你曾經住過的房子裡——你認識那些家具，認識牆上的畫、架上的書、抽屜裡的東西。如果在這個房子裡你陷入黑暗，你也仍然能夠自如地四處行走。」

　　可如果遇到的是「假靈魂伴侶」，那就刺激了。那情形就像是：你被綁住了雙手，蒙上了眼睛，然後推進種滿巨型仙人掌的迷宮裡！周圍的廣播在不斷地提醒你：只要你足夠勇敢、足夠有耐心，你一定能找到出口的。

　　末了，它補上一句關心的話：「親愛的，祝你好運。」偏偏最重要的那句「後果自負」，它隻字不提。

PROBLEM
「不怕說謊」的問題

1. 如果有一種很精確的測謊儀，你會把它安裝在電話裡，或者隨身裝在口袋裡嗎？

2. 你數一數今天撒了多少謊？

3. 你相信你的直覺嗎？如果你的直覺認為對方在說謊，你會怎麼做？

4. 如果向你保證，你可以得到三個誠實的回答，你想問誰？問什麼？

ANSWER

THEME 66
錯上加錯

不被人理解，或者理解不了別人的時候，先要把心打開，把話聊開。而不是帶著怨念說：「嗯，找事的總是我，沒辦法的總是你」，或者帶著情緒喊道：「我錯了行了吧」、「對對對」、「行行行」、「好好好」……在現實生活中，「我都道歉了，你還要怎樣？」、「那就當我錯了，行了吧？」、「真是對不起你了啊，呵呵！」類似這樣的話更像是在宣戰。

你要麼就別道歉，要道歉就最好是真心的。別覺得自己好像道個歉有多了不起似的。

再說了，並不是所有的事情都能透過道歉就立刻解決。誰的身上都沒有情緒開關，一摁下去就馬上煙消雲散。

我多年的研究結果表明：「對不起行了吧」是「對不起」的反義詞；「行行行」等於是說「不行」；「好好好」等於是說「不好」；「對對對」等於是說「不對」……

很多誤會的產生和加深，就是因為一個沒說明白，一個沒聽明白，兩個人就急著表露態度。

你想要表達的可能是一間房子那麼多，可你能用語音組織的只有一張桌子那麼多，然後說出口的只有一個抽屜那麼多，別人聽得懂的很可能只有抽屜的把手那麼少了。而對方回饋出來的，卻是房門之外的大千世界。

這樣的聊天就像是在做「看圖作文」題，不出偏差才怪呢！

如果有人誤會了你，那是他的錯，但你不要拉下你的驢臉，又或者用帶有明顯情緒化的詞語來和他「交流」，以表達你的強烈不滿，這樣做只

會讓問題越來越糟。

　　你眞想解決問題，就請用平和或調侃的態度讓對方明白「這只是個誤會」，結果很可能是，他會加倍地懺悔並改正。簡而言之，他是錯了，但你不能因爲他錯了再用「另一種錯誤」來反擊他，這樣只會讓彼此錯上加錯。

THEME 67
平生多識趣

遇到一個熱情氾濫的傢伙，無異於攬了一件苦差。一是，你需要裝出熱情來回應他，這會讓人非常難受；二是，這種熱情消失的速度和出現的速度一樣快，這種巨大的落差會讓人覺得虛偽。

最賠本的地方是，這種熱情既不會產生友誼，也不能交換見識，它更像是一種騷擾，一種侵犯。除了增加連絡人名單的長度、影響心情、瓜分時間和注意力之外，毫無益處。

求你幫忙的時候，他可能會說「這事情不著急，你方便的時候就行」、「不用太完美，差不多就行了」，其實是在說，「你得幫我，而且要盡心盡力」。

一旦你真的給了他一個「差不多」的結果，問題就會接踵而來，比如，「這個地方能不能再幫我改一下」、「那個地方能不能再優化一下」……

更有甚者，你幫了他七分，他會覺得你不仗義，覺得你應付他，非但不感激你，反而還會覺得你欠他三分。

求人幫忙，你的出發點至少是這樣的：一、你們之間有不錯的交情，注意，是對方也覺得不錯；二、對方可以得到切實的好處，比如你願意付錢；三、你在努力學習、日日精進，以免在同一個問題上再三地麻煩別人；四、你求助的頻率很低，往往是發生在迫不得已的情況下……否則的話，你看似是占了便宜、躲了麻煩、避了困難，實際卻是在不知不覺中變得討人嫌。

希望同事或者下屬轉發到社交平台，作為主導者，你該想著如何讓內

容更有趣、有效，讓轉發的人覺得自豪而不是丟臉；你該用尊重、平視的溝通方式而不是指令，更不要用「團隊文化」的名義變相地挾持。職場確實需要互相說明，但也確實沒有那麼多的舉手之勞。畢竟，誰賺的錢都辛苦，誰的時間都寶貴。大家的首要目的是透過腦力和體力來換取報酬，不是來交朋友的。

所以，與其糾結如何「化同事為朋友」，不如保持一個客氣、禮貌的距離。趣味相投的，就與他多閒談幾句；話不投機的，微笑著打個招呼即可。

識趣是交往的安全閥。絕大多數關係的崩毀，罪魁禍首就是不識趣。

做你的朋友，偶爾能為你免費，但如果「當你的朋友」就意味著「必須免費」，那你註定會少很多人氣。好聽的話，偶爾能當錢花，可如果你想用好聽的話來為自己省錢，那你必然會少很多財氣。

識趣的人該明白，「別人會」不等於「有義務幫我」，「別人有錢」不等於「我可以不還或者晚點兒還錢」，「別人不討厭我」不等於「喜歡我」，「別人不開心」不等於「非得跟我說」，「別人沒有拒絕」不等於「答應」……

世界再怎麼互聯，也需要「僅限好友閱讀」，需要「申請同意加入」；生活再怎麼開放，也需要「生人勿近」，需要「少來煩我」。

PROBLEM

「吃瓜群衆」的問題

1. 路上有人吵架，路上偶遇車禍，你會停下來圍觀嗎？你會主動勸阻或者提供幫助嗎？

2. 網路上出現了熱門新聞，你會逐條逐條地爬文、回應或者抨擊嗎？

3. 如果所有的網路都要求實名制，你會覺得不自由嗎？

ANSWER

THEME 68
沉默是金

生活中常常會有這樣一類人。

你提了一件不痛不癢的小事，他馬上就擺出一副「你怎麼可以這麼蠢」的神情，然後說一些老掉牙的大道理，試圖教育你。

你提出某個新穎的觀點，他馬上就像是偵探那樣快速地「發現破綻」，然後開啟「辯論模式」，試圖說贏你。

但在你看來，你並沒有感受到他的好心好意或者見識的睿智新奇，更多的只是：這個人好像是為「抬槓」而生的。

這類人一般不會發起話題，而更願意做話題的「搶奪者」或者「終結者」。

不論你聊什麼，他都能輕而易舉地接過去，然後開始反駁、爭論，不論是不是他擅長的話題，他只需聽一兩句，就馬上能得出「這個我早就知道了」或者「你說得不對」之類的結論。

然後，將別人組織的聚會變成他滔滔不絕的個人秀，將本該是輕鬆的聊天變成他舌戰群雄的戰場！

其實，普通見面聊天只是交換見識而已，不是搶答題，也不是辯論賽。以嘴碎的方式刷出來的存在感，只會惹來厭煩。學會閉嘴是成年人的美德。

我的建議是，當你做不到「口吐蓮花」時，一定要懂得「沉默是金」。主動選擇閉嘴的意思是，我並非無言以對，而是不願在你身上浪費時間，

所以等著，等你閉嘴。

誠心誠意的指點，其目的應該是讓人日日精進，而不是讓人無地自容。

有意思的是，把人氣得發瘋的，可能正是這些口口聲聲說「我都是爲了你好」的人；而那些想要遙控指揮你的人，往往是最不了解你的人。

這些人以「過來人」身份自居，卻根本沒有意識到：自己的人生經歷，其實並不能指點別人的江山。

不知道你們是什麼態度，反正我是挺想把這些人綁在草船上去借箭的。

人與人之間矛盾的起因之一是，總有那麼幾個人，喜歡用高標準指點別人，用低標準要求自己。

所以你總會看到有人給自己的行爲冠以「我這是爲你好」之名，這能讓他們心安理得地對別人肆意干涉，而且他還會用「遠見」、「格局」和「開明」這類看似高大上，實則是玄而又玄的品格，來爲自己的「討人嫌」做無罪辯護。

哦，對了。

如果再有人跟你說「我吃過的鹽比你吃過的飯還多」，你一定記得提醒他：鹽吃多了，容易得水腫，血管會提早老化，糖尿病和腎病的得病率會大幅增高。

別人數落自己的男朋友、老闆或者同事，你也跟著煽風點火；別人吐槽自己的缺點，你也跟著附和。

可你別忘了：別人說「這不好、那不好」，很可能是謙虛而已；你要

是跟著說他「真的是這不好、那不好」，更像是在「引發仇恨」。

不要總在那些比你胖的人面前喊著「我要減肥，我要減肥」，不要總在那些比你差一點兒的人面前喊著「我真是沒用，太沒用了」，也不要總在那些比你窮一些的人面前喊著「我又窮又醜，一無所有」……

真有志氣的話，還是建議你去那些比你瘦、比你有本事、比你富有的人面前去喊這些！否則的話，更像是在「另類炫耀」。

其實，愛說話沒什麼，不會說話也沒事，可怕的是，一個不會說話的人偏偏愛說話。

對這樣的人，我只想說：你說話碎得像韭菜，我很介意；你說話比較直，我很介意；你說話很多彎彎繞，我很介意；你嘴巴不嚴實，我也很介意。你閉嘴的時候，我最喜歡你。

如果爭吵可以解決問題，
那麼潑婦一定是個高薪職業；
如果靠吼可以搞定一切，
那麼驢將統治世界。

THEME 69
垃圾人定律

這一種觀點認爲，有些人就像是一台垃圾車，他們裝著情緒垃圾到處走，裡面有失望、焦慮、煩躁、挫敗感，以及憤怒，當垃圾車裝滿的時候，他們就需要一個地方倒掉，很有可能就倒在不相干的人身上。所以我們要做的，不是對抗，不是辯解，更不是鬥狠，而是要盡可能地遠離他們。

兩個忠告：一、盡可能不要用自己的那張臭臉，去影響別人的心情和生活，在關係脆弱的年代，所有的克制都值得提倡。二、永遠不要拿自己的一時怒氣，去糾纏或挑釁「垃圾人」，在僅有一次的生命和難能可貴的好心情面前，所有的退讓都無比光榮。

如今的社會，不卑不亢的人很少見，常見的是又卑又亢。

比如，逢人藏不住事，遇事沉不住氣，生氣又兜不住火；或者輕易就陷入狂喜或絕望的情緒中，嘴裡讚美世上的一切美好，心裡卻藏著陰暗的想法。

不能自控的情緒是可怕的，因爲你永遠不知道在情緒的挾持下，自己會做什麼，會因爲哪句脫口而出的話，就被別人否定了你積攢了十幾年才累積出來的光輝形象。

所以，難過了就去吃點好吃的，或者找個小道跑跑步，傷心了就找個角落小聲哭，或者看一部喜劇片。千萬不要將自己的那張臭臉公之於衆，更不要將怒火撒在最親近的人身上。

你已經是個大人了，要學會爲自己的爛情緒埋單。你需要小心翼翼地發洩，精打細算地緩解，並且爭取在最短的時間內恢復正常。

舉頭望了明月，低頭就該整理一下悲傷。

日本導演小津安二郎有一句名言：「高興就又跑又跳，悲傷就又哭又鬧，那是動物園裡的野猴子們幹的事。笑在臉上，哭在心裡，說出的話都是心裡話的反義詞，擺出的臉色都是內心情緒的反面，這才是真正的人類。」

是的，控制情緒不叫虛偽，而是盡可能地少讓自己丟人現眼。至於那句經典的「一切都會過去」的安慰，對健忘的人來說確實如此。但不見得對你有效。因為發生的事情會一直存在著，會明明白白、清清楚楚地記在帳上。

所以，越是情緒糟糕的情況下，就越要遠離社交，因為你任意一次的口無遮攔，都將成為你出糗或悔恨的呈堂證供。

如果爭吵可以解決問題，那麼潑婦一定是個高薪職業；如果靠吼可以搞定一切，那麼驢將統治世界。

別再說什麼「一個人思慮太多，就會失去做人的樂趣」，我想提醒你的是，待人處事如果不過腦子，你就會失去做人的資格。

你可以強調「彪悍的人生不需要解釋」，但也別忘了：彪悍的人生需要「後果自負」。

PROBLEM

「推心置腹」的問題

1. 友情對你而言意味著什麼？

2. 如果你要成為對方的密友，有什麼事是他需要知道的？

3. 說出三個含有「我們」並且符合實際情況的句子，比如「我們現在都在這個房間裡」。完成這個句子：「我希望可以跟某個人分享_____。」
   告訴對方，你現在喜歡他或她什麼地方。

4. 有什麼事是絕對不能開玩笑的？

ANSWER

THEME 70
好刀應在刀鞘裡

好人有好報嗎？

我不確定。但我可以確定的是：我不想做個鐵石心腸的「聰明人」。我並不期待成爲流芳百世的那種善人，我只想在我力所能及的範圍之內，做個心安理得的普通人。

我選擇善良，選擇看似笨拙，並不是因爲聽信了「好人有好報」或者「傻人有傻福」，而僅僅是因爲我堅信：這麼做，是對的。

很多人不是不願意相信世間的真善美，只是因爲有一些醜惡的現象被口口相傳，以至於心生懷疑。於是，很多人都選擇了將自己的善良鎖進保險櫃裡，以此來預防上當被騙，以此來保全自己「聰明人」的人物設定。

結果呢？你學會了如何預防上當受騙，變成了鐵面無情的人。我只是比較擔心，當你習慣了用這副鐵石心腸來對待陌生人，對待這個世界之後，你會不會在不知不覺中也這樣對待自己的親朋，甚至是你自己。

有些規則，別人都沒遵守，你遵守了；有些別人都認爲丟臉的事情，很多人都沒做，你卻做了……這些並不代表你錯了。

「普遍現象」不等於「它很正常」，「多數意見」不意味著「它是對的」，就好比說，不是所有的花朵都適合生長在肥沃的土壤裡。

說到底，善良是你的選擇。表達善意是一件很快樂的事情，不要因爲旁人的態度而讓它變得沉重。借德蕾莎修女的話說：「這是你與上帝之間的事，而絕不是你和他人之間的事。」

你最該遵循的，不是別人的意見，而是自己的良心。

來，和我一起說：「那些影響我做好人的『聰明人』，請你離我遠一點，你醜到我了。」

生而爲人，請務必善良，不要被別人的黑暗同化得不剩一丁點光亮。

你不能用邪惡的招數去搞定邪惡，就像謬論不能說服另一個謬論。用錯誤的手段去懲罰做錯事的人，就像是在抱薪救火；用不道德的方式去維護道德，就如同飲鴆止渴。

對待那些確實做錯了事的人，如果你的「恨意」太足了，言談舉止超出了道德乃至法律的範疇，那麼就不再屬於正義，而是變成了另一種禍亂。

你表現得鋒芒畢露，並不是懲惡揚善，而是在懲惡的同時也揚了惡。這種所謂的正義就像是出了鞘的刀，鋒利無比，但常常會誤傷他人。

黑澤明說：好刀應在刀鞘裡。

THEME 71
只是單身不是狗

　　失戀是一場獨自的戰鬥，你可以找人傾訴，但終歸要自己承受。別想跳過失戀這個關卡，直接跳過去就意味著，你那些輾轉反側的夜都白熬了，你那些撕心裂肺的痛都白挨了，你那些倔強又酸澀的眼淚都白流了。

　　也不要想著用一段新戀情快速地將自己從失戀的坑裡拽出來，可能發生的嚴重後果是，你會快速地掉進另一個坑裡。

　　你要試著反思和分析，直到你心裡越來越明白「戀情失敗」的諸多原因，直到你越來越接近那個你不願意承認的真相。

　　反思能讓你明白，沒有什麼不能失去的東西，除非自己還不夠忙；沒有什麼無法擁有的戀人，除非自己還不夠優秀。

　　你要藉機去做一回披荊斬棘的英雄，而不是等著別人來關心呵護的小朋友。

　　莎翁的《暴風雨》裡有句特別經典的話：凡是過往，皆為序章。有勇氣去變成某個人的過去式，這才稱得上「長大了」。這樣的你，就不會再對上一段關係耿耿於懷，也不會對下一段感情草木皆兵。

　　早晚有一天，那個你曾以為「非他不可」的人，終會變成「不過如此」的人。

　　命運就是這樣來達到均衡的。那些尊重你、守護你的人教會了你溫柔、善良、仁愛和信任，而那些傷害你、辜負你的人讓你明白：這個世界是有瑕疵的。

遇人不淑，放手就是進步。越是苦苦糾纏，就越是罪孽深重。與品行有問題的人談戀愛，註定只有一個結局：只有好聚，沒有好散。

再多的怦然心動，也抗衡不了謊話連篇的折磨；再大的美好期盼，也抵不住一拖再拖的消耗。

所以，不要再一把鼻涕一把淚地追問「我在你心裡到底算什麼」，真實的情況是，你早就不在他心裡了。

不要再強調自己「付出了那麼多，犧牲了那麼多」，現實生活是，如果你背著過去過日子，那和畫地為牢沒什麼區別。

作家劉瑜曾說過：尊嚴是和欲望是成反比的。你想得到一個東西，就會變得低三下四，死皮賴臉，而當你對眼前這個人、這件事無動於衷的時候，尊嚴就會在你心中拔地而起。

一輩子那麼長，如果遇見一個人需要花光你所有的好運氣，那真的不如一個人去過好運連連的生活。

這樣的你，會開心，會有錢，會很棒。

來來來，和我一起說：「那個花心大蘿蔔，以後你每一次結婚，我都衷心祝你幸福！」

所以，死掉的愛情，就讓它入土為安吧。正確的做法是，早睡早起，把注意力放在變可愛、變好看、變有錢上。早睡能避免 90% 的多愁善感和 99% 的手賤，而早起能帶來 80% 的元氣和一半以上的好心情。當你不再計較，不再自責，不再表演，不再關注，你就會慢慢覺得好一些。沒有了注意力的情緒早晚會消失的，就像不澆水的花自然會死掉。

可能挺一兩個星期，你的心口就沒那麼疼了；可能挺一兩個月，你的工作就開始有起色了；可能挺半年，你對異性就又有了感覺。癒合的過程

越緩慢，康復得就越徹底。

　　而且你會慢慢意識到：有些人能夠遇見，只能算自己倒楣；有些人能夠錯過，真的要謝天謝地。

　　在感情的大門口，你要時刻準備好「入場的禮儀」和「退場的姿態」。切記切記，你只是單身，不是狗。

別和壞人比壞，壞是沒有下限的；
別和傻瓜比傻，傻是會傳染的。

PROBLEM
「骨肉至親」的問題

1. 在你所有家人當中，誰對你的打擊最大？誰對你的鼓勵最大？爲什麼？

2. 你的家庭關係親密溫暖嗎？你是否覺得自己的童年比大部分人快樂？

3. 如果你知道你的某個親人會在三個月之內去世，你會做些什麼？

4. 你的房子起火了，你所有的東西都在裡面。
   在救出所愛的人和寵物後，你還有時間可以安全地搶救出最後一件東西。你會拿什麼？爲什麼？

ANSWER

THEME 72
慣性思維

很多人的慣性思維和做法是，將自己付出的努力乘以 N 倍，去要求最好的結果；將自己受的苦與累乘以 N 倍，去索要最大的補償。

於是，鍛鍊了一個下午，就想要個好看的身材；努力了一個星期，就想要個好看的分數。

對別人好言好語了幾天，就要求對方愛自己一輩子；挑燈夜戰了幾回，就向命運索要一個無限完美的明天。

這都是不合常理的奢求，實際的情況是這樣的：

你去了幾次健身房，並不會擁有模特兒般的身材，它只能讓你在近期有一個不錯的精神狀態，或者安然地躲過一次流感。

你努力工作，並不等於你能取代你的上司變成公司的頂樑柱，它只能讓你在公司的處境相對好過一些，或者在會議室裡多一點發言權。

你獻了幾次殷勤，並不足以擊退情敵們，它只能讓你在此後的競爭中多一點點勝算，或者讓你的男神或女神多回覆你幾次。

你讀了幾年書，並不意味著你比旁人見識高明，它只能讓你在下一次的爭辯中，有主見而不再人云亦云；在下一次的搶購風波中，有獨立的判斷而不是像隻驚弓之鳥。

你背了成千上萬個單字，並不能保證讓你成為口才一流的外交官，它只能讓你順利地拿到考試證書，或者翻閱某本專著時，能夠找到自己需要的資料；又或者拿到進口的化妝品時，不會把眼霜抹到臉上。

THEME 73
差不多

在很多時候，「差不多」的含義是，差一點都不行。

一個人對生活、工作、感情的態度越來越差，往往都是從「差不多」開始的。

問工作的進度，你的回答永遠是「差不多了」，問你的旅程安排，你的答案裡永遠有「大概」、「可能」、「也許」……你輕而易舉就把別人的心繫在桅杆上，再懸起來。

可你別忘了，「差不多」這三個字從你嘴裡蹦出來的瞬間，已經將你的不可靠、不專業暴露無遺。

你用差不多的努力，學差不多的本事，做差不多的工作，愛差不多的人，混著差不多的一生。

問題是，你不是不能得到滿分，而是認為及格就行了。這就意味著，命運不是不能給你高配的人生，而是你的努力只夠擁有低配的生活。

「差一點就成功了」等於「失敗了」，「差一點就牽到她的手了」等於「錯過她了」，「差一點就能在一起了」等於「沒機會了」，「差一點就及格了」等於「不及格」……

「差不多」很容易，「一點都不差」卻很難，而這能區分出平庸和卓越。

你和別人都差不多，都希望瘦一點。於是你的頭貼上寫的是「不瘦五公斤不換頭貼」。然而，你一用就是好幾年。其間逢人就說，「我是易胖

體質，喝水都長肉，煩死了」。可事實呢，你根本就不是喝水長肉的「易胖體質」，而是吃完一堆東西，掉頭就忘了，於是誤以為只是喝了幾口水的「健忘體質」。

你和別人都差不多，都希望能夠有所改變。於是別人簡單地寫了「克制」兩個字就消失了，直到有人告訴你，他上了北大清華。而你呢，你在新年或生日的時候列出一大堆的計畫和願望……然而，僅僅過了三四天，來勢洶洶的努力激情，又都「去」勢洶洶地冷卻了；準備洗心革面的新的一年，又頑固不化地變得和去年一樣了。

原來，你所謂的「新年新氣象」，只是「新年一嚷嚷」；你所謂的「長大了一歲」，僅僅意味著「衰老了一些」；你所謂的「總有一天」，就是變相地告訴大家，「我永遠不會」。

今天偷一下懶，下個月再拖延一下，那麼你想要的人生和你能擁有的人生將會是天差地別的。所謂「低配人生」，無非是「無數次降低要求」的總和。

這個地方較真一點，那個問題嚴謹一下，那麼再普通的人生也會大有起色。所謂「天賦異稟」，實際是「無數次銳意進取」的疊加。

怕就怕，曾經說「『八』字沒有一撇」的事情，現在變成了「『饞』字沒有一撇」的事情。

我想說的是，每個年紀都有與之對應的重要的事情，每一件事都需要你腳踏實地去落實，無一例外，也無人能倖免。學生時代就做好學習，戀愛季節就真心待人，職場歲月就盡心盡責。你要明白自己當前的首要任務是什麼，然後做好它。這樣的話，你才有可能在下一個年紀裡隨心所欲，在更高的層次裡如魚得水。

所以，即使有人告訴你，用六分努力就能蒙混過關，你也得做足十二分的準備，而不是在僅有兩三成準備的時候，就僥倖地賭上一把。

所謂高枕無憂，其實都是準備充分。

你與別人擁有一個差不多長度的人生，因為別人用心，而你馬虎，所以到了最後檢驗成果的時候，別人功成名就、得償所願，而你除了耗光這一生之外，一無所獲。

所以，不要再輕信「如果事與願違，一定是另有安排」這樣寬心的話了，你該警醒一點，如果事與願違，就要反思，一定是自己有什麼地方沒做好。

拜託拜託，別再讓你的年初計畫，變成了年終的笑話。

不主動就會被動，不清醒就會被驚醒。

你若不去將勤補拙，就是變相地授人以柄；

羊群若是漫不經心，只會讓狼群特別開心。

PROBLEM

「聰明絕頂」的問題

如果你能成為世界上最聰明的那群人，

但代價是你不會再有幽默感，而且不會覺得任何東西是有趣的，你願意嗎？

ANSWER

THEME 74
弱者思維

什麼是弱者？弱者就是自己不好意思開口，卻總希望別人能來問一問。

口口聲聲說自己不想麻煩別人，卻時時事事都在麻煩別人，看似是在儘量避免麻煩別人，但實際上是希望享有「別人來幫自己」的權利，卻不願承擔「感激或者回報」的義務。

弱者永遠有一肚子的正義和委屈，他本身沒有什麼值得驕傲的資本，卻要表現出張牙舞爪的姿態，以此來掩飾內心的屑弱和底氣的不足。

他喊了一百句狠話來表明「我不是好惹的」，卻做了一百件事情來提醒別人，「快來同情我吧」。

明明應該反思「我是不是哪裡做得不好」或者「我會不會是做錯了什麼」，結果變成了「A 這幾天對我很冷漠，肯定是有人在背後說我壞話了！」、「B 說要請我吃飯，是不是做了什麼對不起我的事情！」、「C 送了我一盒巧克力，哼，無事獻殷勤，非奸即盜！」

帶著這樣的心態待人接物，別說增進感情了，不封鎖這些「壞人」簡直就對不起自己的「超強邏輯」。

要我說，真不是你的腦洞太大了，而是你的漏洞太多了。

弱者往往容易患上「被害妄想症」。體現在感情裡是喜歡捕風捉影，體現在生活上是容易草木皆兵。

明明可以用「我想你了」和「我又想你了」來表達的，結果變成了「你

今天那麼忙，訊息都不給我發一個？」、「三個電話都沒接，跟誰在一起啊？」然後開始想像：對方最終會怎樣圓謊，會露出哪些破綻，和他約會的那個人會不會是他的前女友。

等到對方拖著疲憊的身體回到家了，別說準備晚餐了，不大吵一架簡直對不起自己這一整天跌宕起伏的內心戲。

我的建議是，淒淒慘慘的時候不要「嘰嘰歪歪」，而是要悄悄地努力，悄悄變厲害。

之所以要「悄悄」，是為了讓自己少丟幾次人，少鬧幾次笑話。而所謂「變厲害」，就是你所面臨的問題和困難幾乎都在你的才華之下，所以你不需要曲意逢迎；就是你身處其中的生活和感情幾乎都在你的掌握之中，所以你不需要小心翼翼。

別人待你好，你要加倍努力，以期他日有能力了，去知恩圖報；別人待你輕薄，你更要爭氣，以期有朝一日可以揚眉吐氣。

PROBLEM
「熱情有限」的問題

1. 你上一次對學習或者工作充滿熱情是什麼時候？這種熱情對你意味著什麼？

2. 你上一次對生活充滿希望是因為什麼？

3. 你目前學習或者工作的動力是什麼？持續了多久？

ANSWER

PROBLEM
「交換人生」的問題

1. 這個世界上有你非常羨慕的人嗎？就是迫切想要和他交換人生的那種羨慕。

2. 如果對方了解你的全部生活之後，你覺得他會跟你交換嗎？請你列出你目前的生活中吸引人的地方。

ANSWER

THEME 75
人云亦云

聽到 A 對 B 的怒斥，你就判定 B 是個混蛋；聽到 B 對 A 的反駁，你開始覺得 A 是個騙子；聽了 C 的點評，你又覺得 A 和 B 都不是什麼好東西。

聽到商家廣告說：「為自己的喜歡變窮，是一種光榮。」你信了，電子產品、包包、衣服、鞋子……當你用光了存款，刷爆了信用卡，之後才發現，光榮沒怎麼感覺到，窮酸倒是挺刻骨銘心的。

出現了熱門事件，你不加思考就跟風亂說一氣，跟著大家去抨擊或者感動，最後才發現，劇情的反轉速度不亞於體育課上的折返跑。我想提醒你的是，在資訊爆炸的年代，謊言與謠言齊飛，若是缺少主見和思辨的能力，臉會被真相打成紫色。

你可以什麼都聽，但不要什麼都信；你可以隨心所欲，但不要隨波逐流。你的內心再強大一點，就不會聽風就是雨；知道的事再多一點，就不會人云亦云。

勒龐在《烏合之眾》中寫道：「人一旦走進了群體，智商就會嚴重下降。為了獲得認同，你會放棄自己的主見，用智商去換取讓人備感安全的歸屬感。」

比如說，某一陣子流行「歲月靜好」，你就去學詩詞歌賦，研究柴米油鹽醬醋茶，然後往自己的熱血裡加冰，還不忘貼一個文藝的標籤，叫「活在當下」。

過一陣子流行「再不瘋狂就老了」，你就開始躁動，在感情裡勸自己敢愛敢恨，在生活中勸自己「酷一點、狠一點」，並美其名曰「要做自己」。

又比如說，你熟記了網路名人們提供的交友法則，試著變得熱鬧、可愛，試著結識新的朋友，可敲了一圈人的心門，發現還是自己一個人待著舒服。

別人說「十八歲是一個特別的年齡」，你也那麼說，後來卻發現，十九歲、二十歲、三十歲⋯⋯每一個年齡都特別。

你讀了很多成功人士的故事，試著按照別人的成功指南去成功，可除了碰一鼻子灰，你跟成功還是沒有半毛錢的關係。

年輕的時候，大家都以為自己很有主見，但事實恰恰相反。因為你前二十年已經習慣了聽話和安排，習慣了盲從多數人的意見，以及喜歡起鬨和湊熱鬧，所以你既不擅長分辨，也不會識別，更沒有「到底要成為什麼樣的人」的主見。

於是很多人的青春不過是在重複兩件事：用別人的腦子來思考自己的問題，用自己的嘴巴去解釋別人的人生。

看到電視劇裡流行某種時尚的髮型，你就毫不猶豫地跳上時尚的流水線。結果呢？腦袋裡的東西越來越少，腦袋上面的花樣越來越多。

聽著別人的召喚「要做一個明媚的女子，不傾國，不傾城，只傾其所有去過想要的生活」，結果呢？確實沒有傾國傾城，倒是傾家蕩產了。

判斷某件事情的對錯，你參考的是做這件事情的人數的多少，只要做的人多，那這件事就「好像是對的」；判斷某件商品的優劣，你依賴於榜單上的排名，只要排名往前了，那這件商品就「應該很不錯」。

判斷一個電影值不值得看，你依賴於評分、點擊量或按讚量，只要喜歡它的人很多，那麼「我也能喜歡它」；判斷某個人值不值得關注，你依賴於他的粉絲數量，只要數量龐大，那麼「他應該很有才華」。

所以你特別喜歡這樣的提示：95% 的人使用此軟體，95% 的人禁用此功能，95% 的人選擇此樣式，95% 的人購買此商品……

　　原來，你所謂的選擇，只是順從了多數人的意見；你所謂的思考再三，只是再三整理了自己的偏見。

你所謂的「新年新氣象」，只是「新年一嚷嚷」；

你所謂的「長大了一歲」，僅僅意味著「衰老了一些」；

你所謂的「總有一天」，

就是變相地告訴大家，「我永遠不會」。

命運就是這樣來達到均衡的：
那些尊重你、守護你的人教會了你溫柔、
善良、仁愛和信任，
而那些傷害你、辜負你的人讓你明白⋯
這個世界是有瑕疵的。

THEME 76
噓寒問暖

「改天我請你吃飯」、「改天我去看你」、「等我有錢了」、「等我有時間了」……

你被這些話糊弄過嗎？又或者你拿這樣的話糊弄過別人嗎？

本來，被人記得，被人在乎，以及得到承諾，這都是讓人高興的事，但如果你每次都把時間定在「改天」或者「下次」，你所有的承諾都需要無限期「等」，那麼對方能夠得出的結論僅僅是，你毫無誠意。

你別忘了，失信就是失敗。

別人一旦不信任你了，那麼不論你做怎樣的補救，他都會覺得你是在玩套路。

真心要見面，就想好了再說，具體到哪天，幾點，哪裡，和誰。否則的話，與其裝得熱情滿滿，不如一早就省掉寒暄。

你所謂的「改天請你吃飯」，更像是在說「今天可以就此打住了，可以掛電話了」。

你所謂的「下次好好聚聚」，只是意味著「這次碰面可以結束了，可以轉身然後頭也不回地離開了」。

你所謂的「等以後再說」，只是在表明「今天不想繼續討論了，你自己看著辦吧」。

讓人覺得寒心的事無不與「改天」、「下次」和「等」有關。一說「改天」就時過境遷，一說「下次」就音信全無，一說「等」就物是人非。

切記，這世上所有的久處不厭，都是因為用心！

世界上最沒用的東西大概就是「不去兌現的承諾」，它一不需要成本，二沒有技術門檻。就像是在嘴上安了一台印刷機器，不限量、無間歇地印製各種各樣的保證書。

可問題是，一旦諾言許得輕而易舉，真心就顯得一文不值。

這和你發現還有兩個星期就要考試了，然後對自己說，「明天要做一套模擬試題」；或者是意識到肚子上的「游泳圈」已經損害到自己的氣質了，然後發誓說：「下個月要瘦十公斤」等都是同樣的道理。

說一說「我要努力」是為了安撫一下自己的良心，喊幾句「我要減肥」是為了嚇唬嚇唬身上的贅肉。僅此而已。

等他訂好了餐廳，你再相信他是真的想請你吃飯；等他在你有麻煩的時候出現在你面前了，你再相信他是真的關心你；等他在大是大非面前堅定地站在你的立場上了，你再相信他是真的想跟你到白頭。你得小心一點，因為有的人寂寞了，連自己都敢騙，更別說是你了。

真心的檢驗標準，不是說了多少，而是做了什麼。都是大人了，別指望拿一把假鑰匙打開誰的心門。

在跪著的人眼裡，站著的人都是異類，
就像在籠子裡長大的小鳥，會以為飛翔是一種病。

PROBLEM
「捫心自問」的問題

1. 你希望你的戀人非常優秀、非常好看、非常富有嗎？

2. 如果希望，那麼你覺得你有哪些優點能夠讓她一心一意地愛你？

3. 你覺得自己配得上那麼完美的人嗎？

ANSWER

THEME 77
倒數計時

　　如果我沒猜錯的話，很多人長這麼大還能夠使出來的「超能力」，就是「讓父母超級生氣的能力」；而傳說中「成長的煩惱」，竟然是「你長大了，然後你的父母煩惱了」。

　　把那雙懶得刷乾淨的準新鞋扔進垃圾桶裡，你連眼睛都不眨一下；把每個月準時到賬的生活費用在請朋友胡吃海喝上，你顯得特別慷慨；在美髮店裡一擲千金，你覺得自己美翻天了；跟戀人嘔氣吵架將新買的手機當廢物一樣摔成渣，你覺得特別解氣……

　　你認為自己很率性、很真實、講義氣，視金錢如糞土，可事實上，只是因為花的不是你的錢，所以你根本就不知道什麼叫心疼。

　　你沒有做過早出晚歸才賺到一百塊錢人民幣的兼職，你就不會理解為什麼媽媽要到更遠一點的菜市場去買菜；你沒有嘗過薪水交完房租就所剩無幾的生活，你就不會明白為什麼爸爸那麼執拗地要留著那些剩菜殘羹；你沒有經歷過生一次病就花光了整年積蓄的難處，你就不會懂得為什麼爸爸媽媽會沒完沒了地提醒你「注意身體」和「節制花錢」……

　　可你呢？總盼著遠離父母，「越遠越好」。

　　你趕著長大，趕著出門遠行，趕著尋找人生的意義，趕著跳出父母的循規蹈矩，趕著向父母宣布：「我和全世界是不一樣的。」也趕著向全世界宣布：「我才不要活成父母想要的樣子。」

　　結果真到了這一天，你和父母真的隔著山河湖海的時候，才幡然醒悟，原來世界上能夠不計成本地愛著自己、慣著自己的人，也只有父母了。

而此時，他們卻老了，老得走路都踩不出聲音了。

在你質疑父母「為什麼總是替我安排一切」、「為什麼總是操那些沒用的心」的時候，你先要問問自己：「平時的生活可曾讓他們放心過嗎？」

你啊，只不過是羨慕自由，卻不可靠；自以為獨立，卻不成熟。你只是貪圖「想做什麼就做什麼」的自由，卻沒有「計畫做什麼就做成什麼」的先例。那你憑什麼叫父母放心地把人生的方向盤交給你？

最沒良心的活法莫過於，因為一點點不滿，就忘了他們所有的好，然後一邊依賴，一邊嫌棄。

你能依賴他們多久呢？一切正常的情況下，你最多能厚臉賴著他們到十八歲而已，之後你就得靠自己了。

作家鄭淵潔曾說：「人和其他物品一樣，是有保質期的。人的保質期是十八年，十八歲之後還靠父母的，屬於殘次品。」

你能嫌棄他們多久呢？一切順利的前提下，除掉你學習、工作、娛樂、成家立業的時間，你可能只有幾百天能見到他們了。

他們還能做出什麼招你嫌的事情呢？無非是，在電話裡讓你保重，給一些在你看來是「瞎操心」的建議。然後一邊垂垂老去，一邊盼你回家。

做子女最容易犯的錯誤，並不是沒有時間陪伴，也不是缺乏孝心，而是以為，父母會永遠都在。

THEME 78
笨蛋的樣子

沒有人可以一世無憂，也沒有人能夠一帆風順。

不論你多麼聰明也不能避開世間所有的煩心事，不論你有多大的本事也不能解決全部的麻煩。所以偶遇幾個討厭的人、遭遇幾件煩心事是難免的。

樓上四歲半的小屁孩不會因為你想要休息就馬上變得靜悄悄，賣票的大嬸不會因為你心靈美就給你好臉色，排隊的人不會因為你守了秩序也跟著規規矩矩，朋友不會因為你誠實守信就對你一言九鼎，親人不會因為你有難言之隱就全然地理解你……

遇到這些難搞的事情，生氣可以，但一定要努力閉上嘴，因為你永遠不知道自己說的氣話會有多可笑。

「氣話」有什麼用呢？無非是，看著別人做了蠢事，你卻賣力地替他表現出笨蛋的樣子來。

所以在離開的時候，別把門摔得太狠，因為你有可能還要回來；當意見不合的時候，別把話說得太絕，因為你還有可能會後悔。

多一分忍耐，就少幾次後悔，就多幾個臺階；少撂幾句狠話，就少一些難堪，就多一些餘地。

這樣的你才會顯得沉穩。明知道他不喜歡自己，你也不會因此上火；就算他刻意討好，你也不會和他走得太近。

這種讓人羨慕的「沉穩」是旁人理解不了的。他們沒有在孤獨裡泡過，

沒有在熱鬧裡燙過，他們能夠看到的只是你肝腸寸斷和狼煙四起平息後的安然。

當你回顧一天，發現自己控制住了「想說廢話」和「想說蠢話」的欲望，並在快要吃撐之前就自覺地放下了碗筷時，你就會覺得生活充滿了僥倖，並且更加踏實。

反正我前半生的人生經驗中，個人認為最重要的一項是「別把自己太當回事」。很多人一輩子都無法逃出這樣的魔咒：自命不凡，卻又無足輕重。

欲成大樹，莫與草爭；
將軍有劍，不斬蒼蠅。

你是用配角的心態做事，用主角的姿態邀功；
用判官的眼光來挑剔別人，又用竇娥的嘴來替自己喊冤，
羞不羞？

PROBLEM
「不敢嘗試」的問題

1. 對於那些你從未做過的事情，比如高空彈跳、攀岩和潛水，你是越來越想嘗試，還是越來越不敢嘗試？

2. 坦白地說，你覺得自己能活多少歲？
   如果真的如你所猜，這個壽命會影響你的人生規劃嗎？

ANSWER

THEME 79
很高興不認識你

所謂「交際」，其實就是讓人覺得舒服、覺得被尊重。

所以，你的問題是不會把人逼到要麼尷尬、要麼撒謊的地步，你的關心和評論是基於充分了解事實、充分體諒別人。

所以，你不會在別人吃飯的時候聊血腥的電影，在別人憧憬美好明天的時候說未經證實的負面新聞；不會在別人用心備考的時候大談規則的不公和環境的黑暗，更不會在別人甜蜜婚戀的過程中頻繁提及單身主義。

如果你沒有經歷別人的人生，就煩請你不要妄加評說；如果你從來都沒想過積點口德，那你就不要怪世界待你刻薄。

凡事多一點敬畏，才有可能建立一個好一點的口碑。而且你永遠不知道，你的隨口一說，很有可能就是壓死駱駝的那根稻草。

和好好說話的人在一起，內心的感受是「我們站著，不說話也十分美好」，可如果是跟不會說話的人在一起，心裡話就變成了「我們站著，永遠不說話，才十分美好」。

換個角度來說，當一兩個人說你情商低的時候，你可以猜測「是不是有人在針對自己」。但如果你發現越來越多的人都在指責你情商低時，請你一定要認真地反省一下，而不是懷疑「會不會是現在的騙子越來越多了」。

當一兩個人說你嘴賤刻薄的時候，你可以不在意，但如果越來越多的人都因為你的刻薄而厭惡並遠離你，請你首先從自身去找原因，而不是抱著謎一樣的自信去質問別人：「為什麼有人可以忍我，而你不能？」

一個人最大的失敗不是無人問津，而是稍微和你有過交集的人都覺得慶幸──慶幸自己不認識你。

THEME 80
顯微鏡下的愛情

如果成年人戀愛有指南的話，最重要的一項應該是：心裡要有點數！

都是大人了，誰都不是傻子，你的小心試探和種種套路很容易被識破的，如果他沒有很熱情地回應你，就相當於是委婉地拒絕你。至於那些拿來說服你自己、說服死黨和閨密、用來證明「對方其實是對自己有意思」的蛛絲馬跡，拜託你不要逢人就說了。

殘酷的真相是：只有那些為非作歹卻又拒不承認的事情，才需要用蛛絲馬跡來確認。

所以，不要編造謊言來麻痺自己了。什麼「也許他不想破壞我們的友誼」、「也許他害羞」、「也許他不知道怎麼聯絡我」、「也許他正在忙正事」……

真實的情況是，除非他不想找你，否則的話，在通訊方式如此發達的今天，他不可能找不到你的聯繫方式的。

除非他就是不喜歡你，否則的話，在你敏感、真誠、熱烈的關注之下，他不可能把愛意藏得那麼深。

需要用顯微鏡才能看見的愛情，不是微不足道，就是根本沒有。

想對一些女生說，男生喜歡身材好、愛打扮的女生沒什麼不對的，如果他們喜歡明眸皓齒、秀外慧中的女生，你不是一樣沒機會？你該不會是以為，男生就得喜歡你這款，才叫有品味吧？

想對一些男生說，女生喜歡顏值高、說話有趣的男生也沒什麼不對

的，如果她們喜歡腰纏萬貫、學富五車的男生，你不是照樣沒機會？你該不會是認為，女生就得喜歡你這樣的，才叫有眼光吧？

好看、聰明、風趣、雄心勃勃或者技壓群雄，如果你一項都沒占上，就別怪他人瞧不上你。

不要告訴我，你最大的優勢是：「我是個好人。」

怕就怕，你喜歡的那個人，最初是沒有擇偶標準的，卻因為認識了你，居然知道了「什麼類型的不能要」。

怕就怕，你中意的蓋世英雄，趁著哪天心情好，披上了金甲聖衣、踩上了七彩祥雲，卻是來和你擦肩而過的。

PROBLEM

「引發仇恨」的問題

1. 如果你是女生，請問你如何看待男朋友跟別的女生吃飯這件事？

2. 如果你是男生，請問你如何看待女朋友跟別的男生吃飯這件事？

ANSWER

THEME 81
貧窮使人安分守己

你說「不喜歡談錢」，說「談錢傷感情」，可現實情況是，沒錢才傷感情。

你說「要及時行樂」，說「人生不是只有錢」，卻忘了這是有閒又有錢的人才有資格講的話。

你說「長大很掃興」，說「活著沒意思」。可事實上，不是長大沒意思，也不是活著沒意思，是窮著沒意思。

你年輕的時候喊「莫欺少年窮」，中年的時候開始喊「莫欺中年窮」，到老了又喊「莫欺老年窮」，最後再來一句「死者為大」，你這輩子也就這樣心高氣傲地過完了。

在最容易了不起的年代，你只能眼睜睜地看著別人了不起；然後在最容易賺錢的年代，成了最容易被別人賺走錢的人。

於是，在為數眾多的省錢妙招中，你最常用的一招是「不買了」。於是，聽著服務生報完帳單，問你是現金還是刷卡時，你恨不得問一句：「能刷碗嗎？」

於是，從來沒有機會去體會「有錢真好」，卻常常無奈地說：「有錢，就好了。」

你抱怨團購的體檢服務太差，卻忘了當初的首要目標是「儘量少花錢」；你數落朋友待你輕薄，卻忽視了在交際中與人禮尚往來；你哀嘆無法用金錢買到幸福，卻忘了自己其實並沒有什麼錢……

你在離家幾千幾百公里遠的城市裡打拚，本是個無拘無束的人，卻常常選擇了「宅」。

不是因為沒有朋友，不是因為性格內向，不是討厭熱鬧或者討厭都市生活，常常只是因為「沒錢」而已。

你看，貧窮使人安分守己。

錢確實不是萬能的，但不爭的事實是，錢可以轟掉生活中半數以上的攔路石。

當你遇到喜歡的人的時候，你有足夠的底氣去表白；當你不準備結婚的時候，你有信心等等看、慢慢挑，敢把催婚的話「頂」回去。

當你的爸媽漸漸老去的時候，你有時間和機會盡孝；當你看到喜歡的東西時，你有機會馬上拿下它。

當你受夠了老闆的氣的時候，你有膽量說「我不幹了」；當你被生活折騰得疲憊不堪的時候，你能夠隨時開始一場說走就走的旅程。

而不是，明明喜歡這件衣服，卻不得不買另一件更便宜的。

明明喜歡這份美食，卻不得不點另一份有優惠券的。

明明對這款包包喜歡得挪不動腳了，卻不得不狠心地忘了它。

明明早就想去旅行了，卻不得不一次又一次地找藉口說「等有時間了」。

明明已經氣得滿屋子砸東西了，卻不得不小心地避開所有值錢的東西……

前半生再安逸、再放肆，下半生還是要靠金錢、靠本事。

金錢就像是包裹這個功利世界的脂肪，它能幫你緩衝厄運的打擊、減少失望、降低傷害，甚至能幫你留住親人與愛人。

　　一旦你的錢包瘦了，你就會迅速地感受到來自貧窮的悲哀。

　　你已經是大人了，不要想著到處找遮風避雨的屋簷了，你得成為屋簷！

PROBLEM

「@ 老楊」的問題

老楊的貓頭鷹在微博裡用文字寫了一幅自畫像：

「120 公分的身高，110 公分的臉；長得不好看，還愛翻白眼；人是好人，嘴不正經」

請隨手畫出來，然後去微博「@ 老楊的貓頭鷹」一下。

ANSWER

高寶書版集團
gobooks.com.tw

高寶文學 042

裝睡的人叫不醒，再不清醒窮死你

作　　　者	老楊的貓頭鷹
特約編輯	林婉君
助理編輯	陳柔含
美術編輯	林政嘉
內頁排版	賴姵均
企　　劃	何嘉雯

發 行 人	朱凱蕾
出　　版	英屬維京群島商高寶國際有限公司台灣分公司
	Global Group Holdings, Ltd.
地　　址	台北市內湖區洲子街 88 號 3 樓
網　　址	gobooks.com.tw
電　　話	(02) 27992/88
電　　郵	readers@gobooks.com.tw（讀者服務部）
	pr@gobooks.com.tw（公關諮詢部）
傳　　真	出版部 (02) 27990909　行銷部 (02) 27993088
郵政劃撥	19394552
戶　　名	英屬維京群島商高寶國際有限公司台灣分公司
發　　行	英屬維京群島商高寶國際有限公司台灣分公司
初版日期	2019 年 10 月

原書名：醒腦之書
本作品中文繁體版通過成都天鳶文化傳播有限公司代理，經瀋陽悅風文化傳播有限公司
授予英屬維京群島商高寶國際有限公司台灣分公司獨家發行，非經書面同意，不得以任
何形式，任意重製轉載。

國家圖書館出版品預行編目（CIP）資料

裝睡的人叫不醒，再不清醒窮死你 / 老楊的貓頭鷹
作 . -- 初版 . -- 臺北市：高寶國際出版：高寶國際發
行 , 2019.10
　　面；　公分 . --（高寶文學：042）
ISBN　978-986-361-739-6（平裝）

1. 自我實現　2. 生活指導　3. 成功法

177.2　　　　　　　　　　　　　　108014364